② 먼저 행과 열에 대해 알아보도록 할게요. 엑셀 프로그램 화면에서 숫자가 있는 가로를 '행', 알파벳이 있는 세로를 '열'이라고 부르기로 했어요.

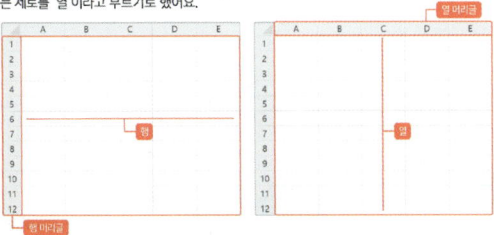

2 전체 행의 높이와 열의 너비를 조절해요!

① 행 머리글과 열 머리글이 만나는 위치의 모두 선택 단추( )를 클릭하여 모든 셀을 선택해요.
② 4행의 머리글을 마우스 오른쪽 버튼으로 눌러 [행 높이]를 선택하고 60을 입력해요.

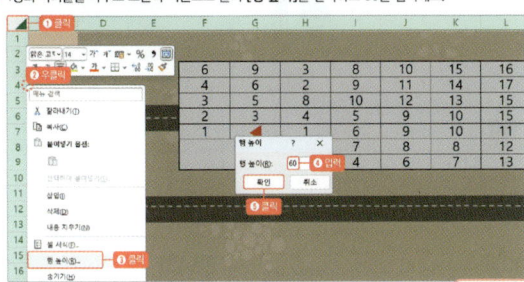

팁 행 높이 조절하기!
모두 선택 단추( )를 클릭한 다음 행 높이를 변경했기 때문에 전체 행의 높이가 한 번에 변경될 거

» 따라하기

컴퓨터를 처음 배우는 학생들의 눈높이에 맞추어 본문 내용을 쉽고 간결하게 구성했어요.

작품을 완성해요 »»

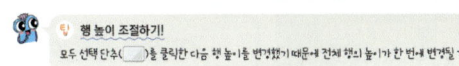

① 완성 작품을 참고하여 그림을 알맞게 배치해 보세요.
② 경찰관이 도둑을 잡을 수 있도록 1부터 16까지 이어진 셀에 색을 채워주세요.

» 더 멋지게 실력뿜뿜

본문에서 학습한 기능을 이용하여 새로운 작품을 만들 수 있어요.

더 멋지게 실력뿜뿜

실습파일: 경찰관_연습문제.xlsx   완성파일: 경찰관_연습문제(완성).xlsx

① 열의 너비를 변경해요.
  • B, H 열 : 30
  • C, G 열 : 5
  • D, F 열 : 10
  • E 열 : 1
② 행의 높이를 변경해요.
  • 2, 8 행 : 150
  • 3, 7 행 : 30
  • 4, 6 행 : 60
  • 5 행 : 10
③ 주변의 그림을 배치하여 마을을 꾸며보세요.

이책의 목차

 **부록** 엑셀 주요 기능 미리 살펴보기! 006

01 008
환경미화원이 되어볼까?

02 014
방송연출가 PD의 예능 퀴즈
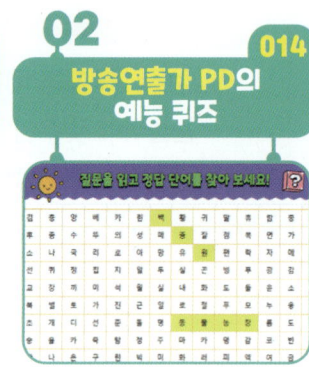

03 020
우리 마을을 지켜주는 경찰관

04 026
역사를 이어가는 문화재보존가

05 032
컨셉에 맞추어 변신, 분장사

06 038
물건의 가치를 더하는 상품기획자

07 044
여행상품 개발자의 추천 여행지!

08 050
이만큼 배웠어요

09 052
시각디자이너의 포스터 작업!

10 058
동물사육사의 미션!

11 064
제과제빵사의 추천 디저트

12 070
해바라기 반 유치원교사

차시	날짜	빠르기	정확도	확인란		차시	날짜	빠르기	정확도	확인란
1	월 일	타	%			13	월 일	타	%	
2	월 일	타	%			14	월 일	타	%	
3	월 일	타	%			15	월 일	타	%	
4	월 일	타	%			16	월 일	타	%	
5	월 일	타	%			17	월 일	타	%	
6	월 일	타	%			18	월 일	타	%	
7	월 일	타	%			19	월 일	타	%	
8	월 일	타	%			20	월 일	타	%	
9	월 일	타	%			21	월 일	타	%	
10	월 일	타	%			22	월 일	타	%	
11	월 일	타	%			23	월 일	타	%	
12	월 일	타	%			24	월 일	타	%	

한눈에 알아보는 책의 구성

» 학습 목표 확인하기

오늘 배울 내용을 확인해요.

» 완성작품 미리보기

작업 전 완성된 작품을 미리 살펴보아요.

» 직업 이야기

직업 이야기를 세 컷 만화로 재미있게 풀어냈어요.

» 창의 놀이터

직업과 관련된 여러 가지 활동을 통해 문제 해결 능력을 높일 수 있어요.

재미있는 직업 이야기와 함께
엑셀 2021을 학습해요!

13 076
인테리어디자이너의 실내 장식

14 082
만화가의 시나리오

15 088
언어의 마술사 통역가

16 094
이만큼 배웠어요

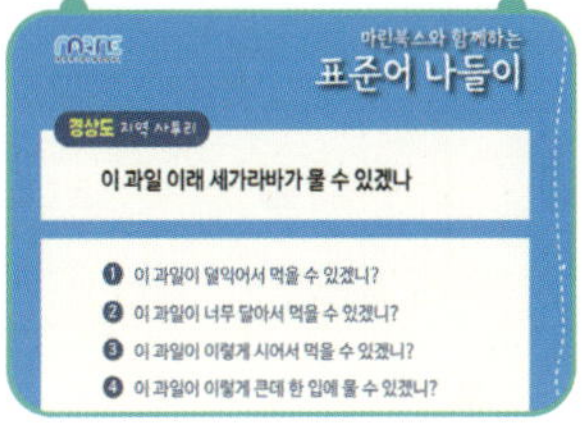

17 096
연예인의 일정 관리 비법

18 102
패션디자이너의 의상 선택은?

19 108
도서관 사서의 책 분류하기!

20 114
요리사의 추천 코스 메뉴

21 120
빠르고 정확한 계산, 은행원

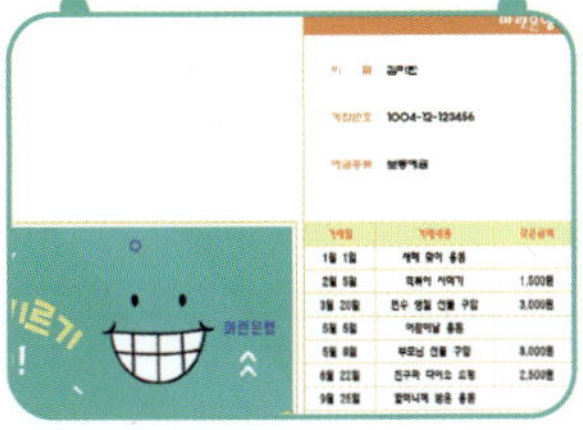

22 126
마술사는 어떻게 그림을 그릴까?

23 132
운동선수 관련 상식 퀴즈!

24 138
이만큼 배웠어요

엑셀 주요 기능 미리 살펴보기!

엑셀을 실행하여 파일을 불러와요!

❶ [시작(⊞)]을 클릭하고 Excel을 찾아 선택하면 엑셀 2021 프로그램이 실행돼요.

❷ 예제 파일을 불러오기 위해서 **[열기]**를 클릭해요.

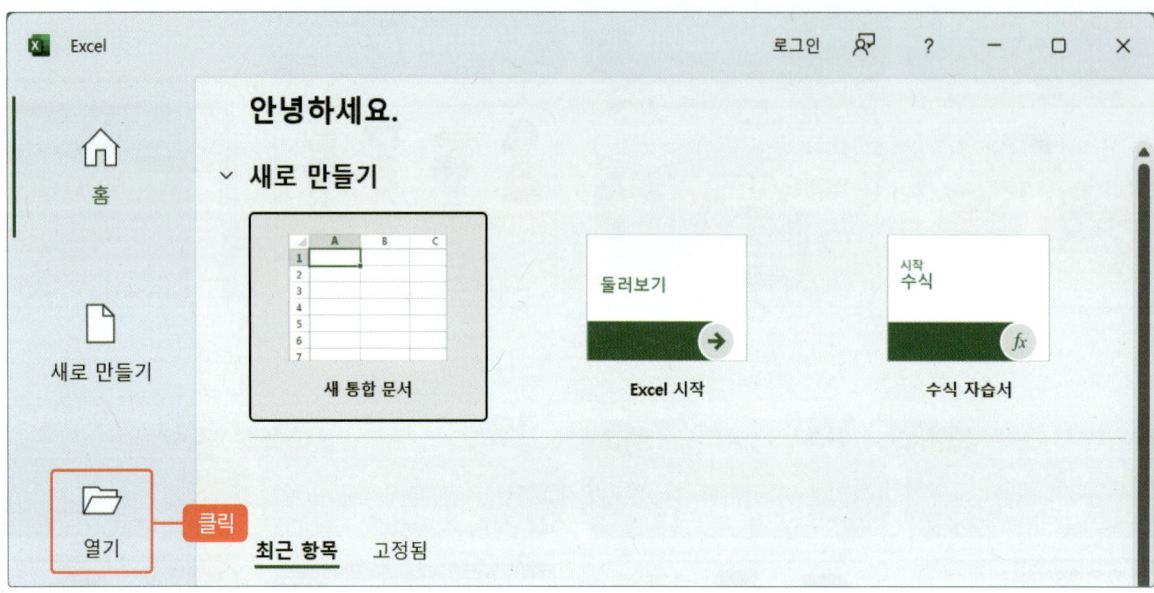

❸ 다음과 같은 화면이 나오면 **[찾아보기]**를 클릭해요.

❹ **[열기]** 대화상자가 나오면 [불러올 파일]-[Chapter 00]-**직업이야기.xlsx** 파일을 선택한 다음 <열기>를 클릭해요.

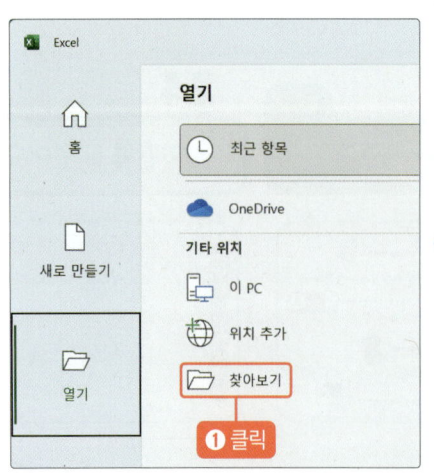 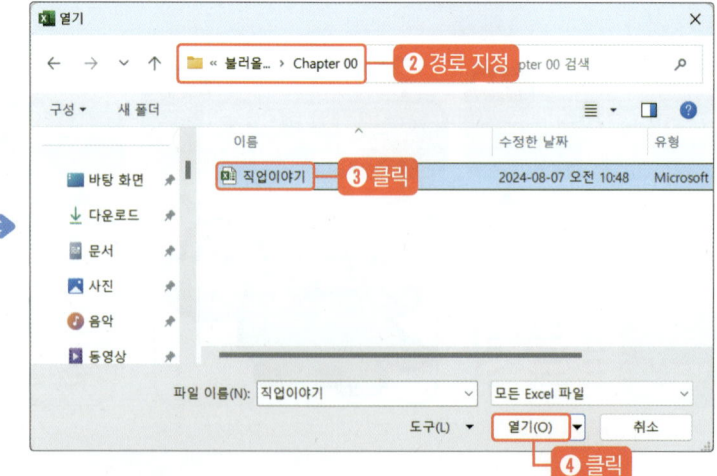

 팁 대화상자가 뭐예요?

컴퓨터와 사람이 서로 대화를 할 수 있도록 제공되는 특별한 창을 대화상자라고 불러요. 컴퓨터가 사람에게 무언가를 알려주거나, 입력(선택)을 요청하지요.

❺ 불러온 파일을 확인한 다음 문서를 작업할 수 있어요.

파일을 저장해요!

❶ [파일]-[저장]을 누르거나 빠른 실행 도구 모음에서 🖬(저장)을 눌러요.

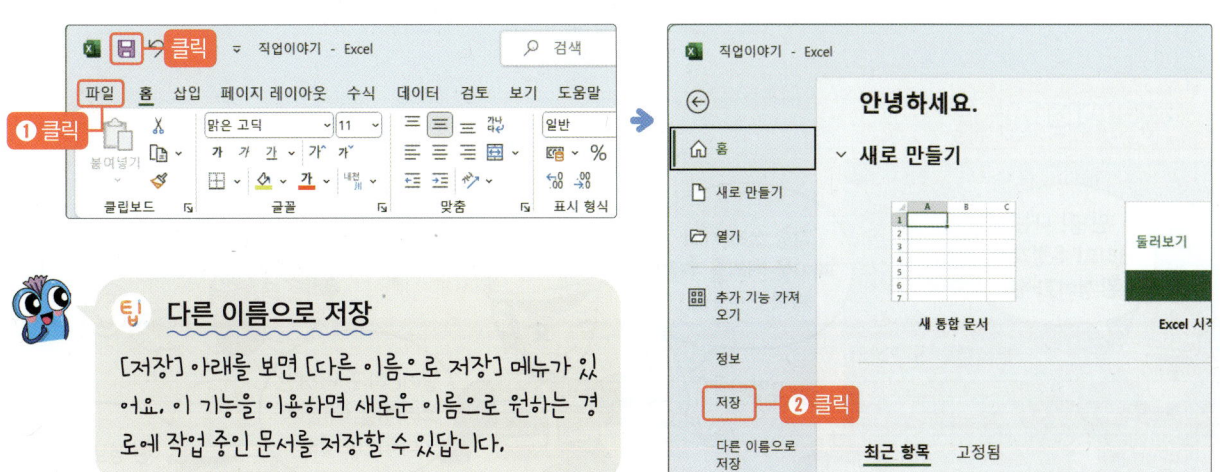

팁 다른 이름으로 저장
[저장] 아래를 보면 [다른 이름으로 저장] 메뉴가 있어요. 이 기능을 이용하면 새로운 이름으로 원하는 경로에 작업 중인 문서를 저장할 수 있답니다.

환경미화원이 되어볼까?

학습목표
★ 엑셀 프로그램에 대해 알아보아요.
★ 셀의 개념을 익히고 셀을 병합하는 방법을 연습해요.

실습파일 환경미화원.xlsx 완성파일 환경미화원(완성).xlsx

완성 작품 미리보기

직업 이야기

창의 놀이터 : 알파벳과 숫자가 만나는 위치를 셀 주소라고 해요. 오른쪽 셀 주소에 맞추어 알맞은 글자를 적어보세요.

	A	B	C	D
1				
2				
3		잘		
4				

- B3셀 → 잘
- D4셀 → 기
- B1셀 → 분
- C2셀 → 거
- C4셀 → 하
- A2셀 → 수
- C1셀 → 리

1 엑셀 프로그램을 실행한 후 실습 파일을 불러와요!

① 엑셀 2021 프로그램을 실행해요.

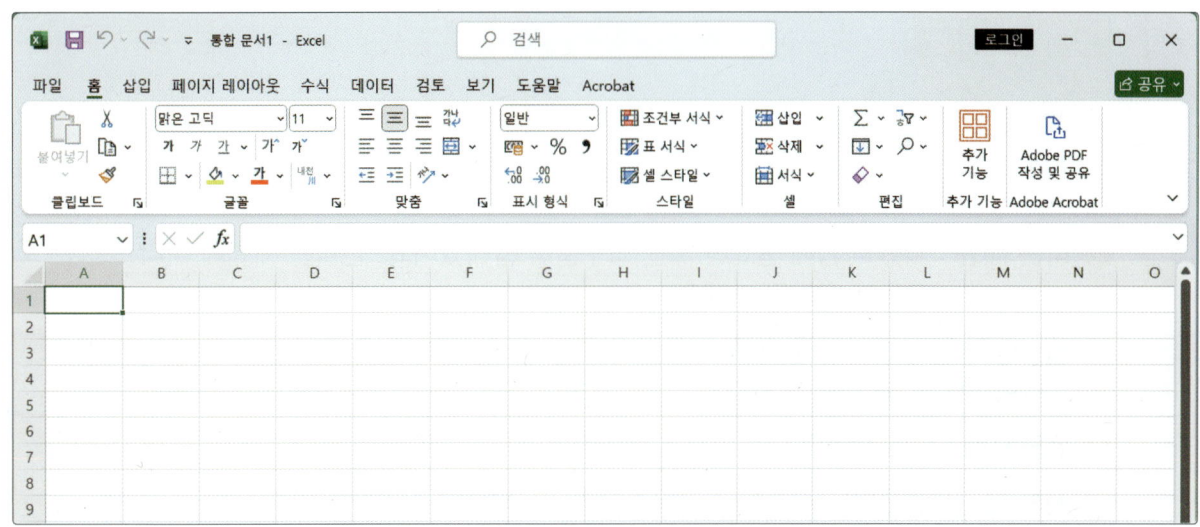

❷ [파일]-[열기]-**[찾아보기]**를 클릭해요.

❸ [불러올 파일]-[Chapter 01_환경미화원]-**환경미화원.xlsx** 파일을 선택하고 <열기>를 클릭해요.

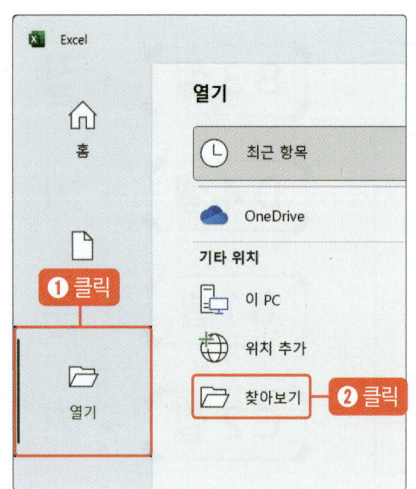
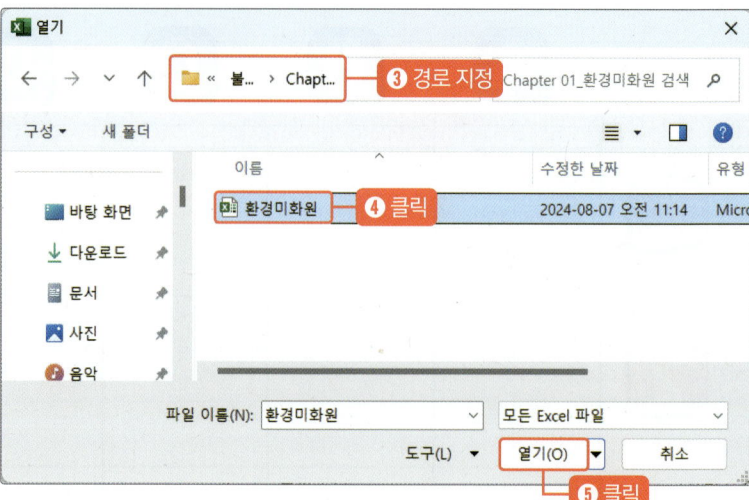

❹ 불러온 파일을 이용하여 엑셀의 화면 구성을 살펴볼까요? 꼭꼭 필요한 내용으로만 구성했답니다.

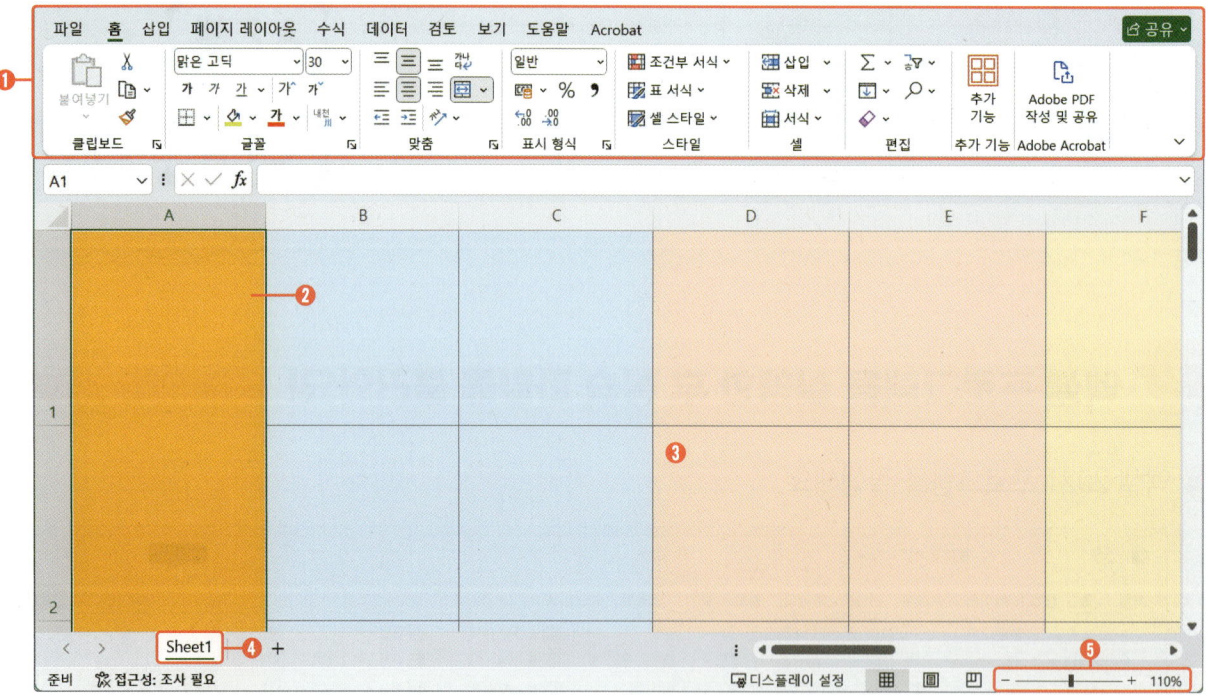

❶ **리본 메뉴** : 엑셀 작업에 필요한 모든 도구들이 들어있어요. 선택된 메뉴에 따라 보이는 도구들이 달라질 거예요.

❷ **셀** : 행과 열이 만나는 칸으로, 내용을 입력할 수 있어요. 1, 2, 3 … 숫자를 '행', A, B, C 알파벳을 '열'이라고 해요.

❸ **워크시트** : 모든 작업이 이루어지는 페이지예요.

❹ **시트 탭** : 새로운 워크시트를 추가하거나 복사, 삭제할 수 있어요.

❺ **확대/축소** : 작업 중인 워크시트를 크게 또는 작게 볼 수 있어요.

② 셀을 병합하고 그림을 이동시켜요!

❶ 아래 그림과 같이 [B1] 셀을 클릭한 다음 [C2] 셀까지 드래그 해보세요.

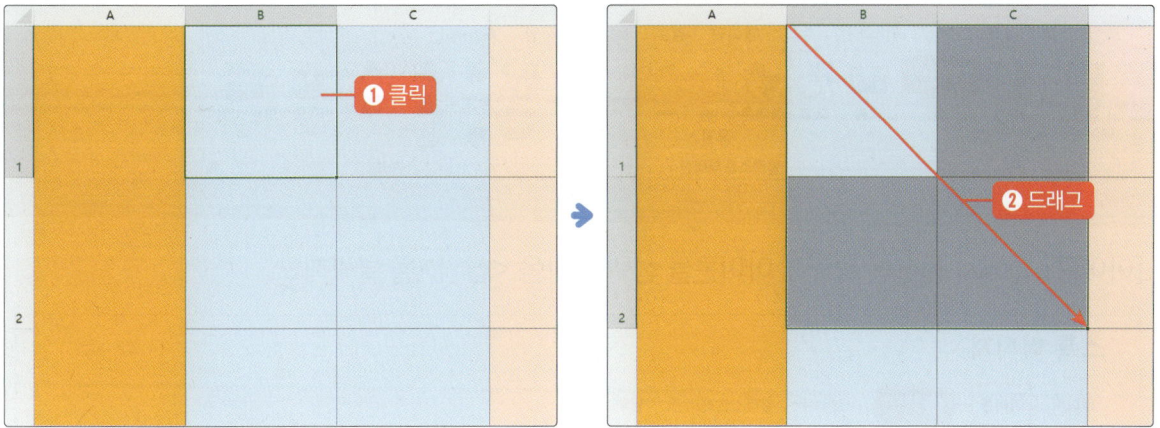

❷ [홈]-[맞춤]-**[병합하고 가운데 맞춤]**을 클릭하여 하나의 셀로 만들 수 있어요.

❸ 병합된 셀에 캔 재활용 통을 드래그 해보세요.

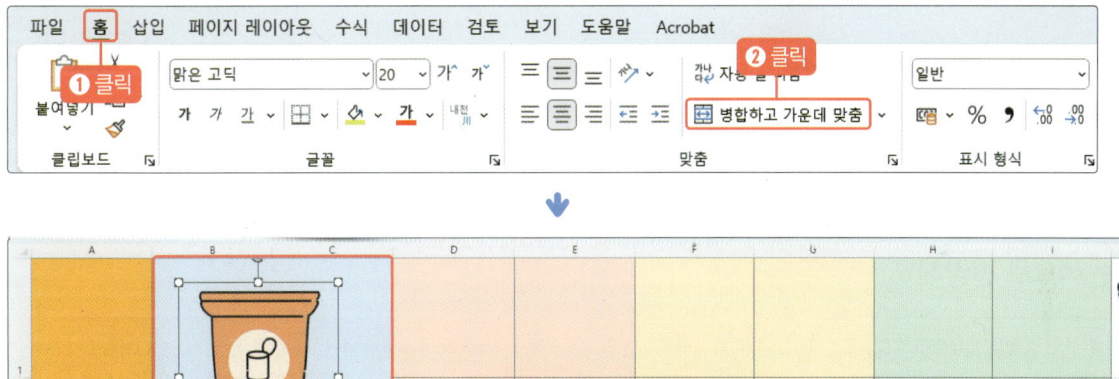

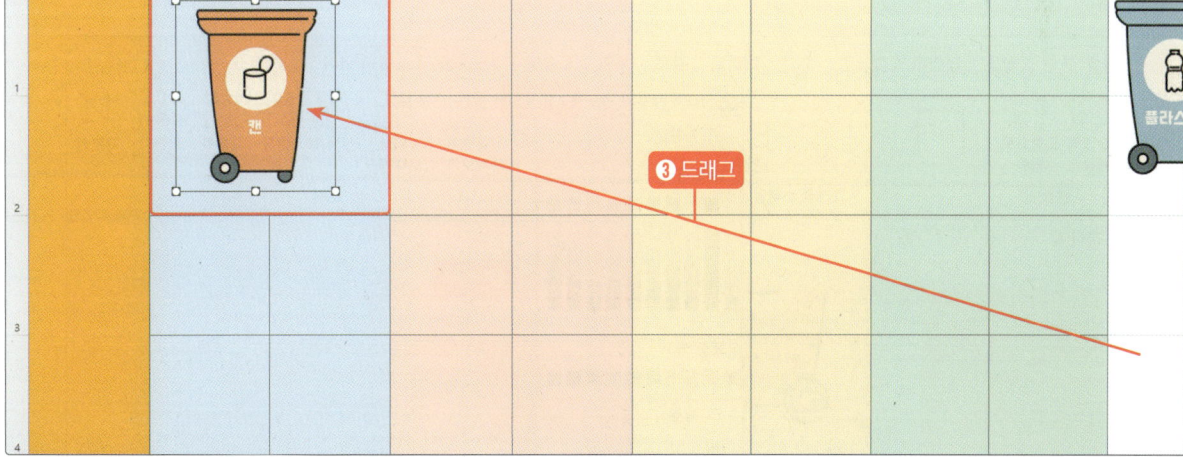

셀과 병합에 대해 알아보아요!
- 셀 : 데이터를 입력하거나 특정 위치를 부를 때 사용하는 것으로, 행과 열이 만나는 하나의 칸을 의미해요.
- 병합 : 2개 이상의 셀을 하나의 셀로 합치는 것을 말해요.

③ 귀여운 아이콘을 추가해요!

❶ [삽입]-[일러스트레이션]-[아이콘( )]을 클릭해요.

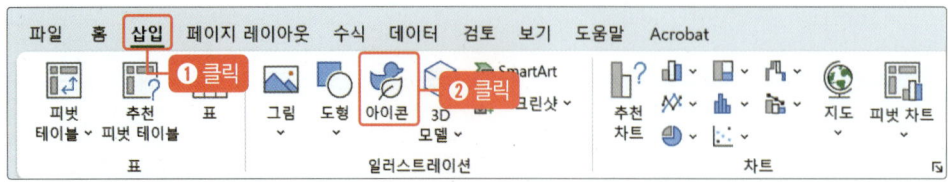

❷ [아이콘] 탭에서 원하는 모양의 아이콘을 선택한 다음 <삽입>을 클릭해요.

❸ 아이콘의 위치와 크기를 변경한 다음 [그래픽 형식]-[그래픽 스타일]-**[그래픽 채우기]**를 클릭해 원하는 색으로 변경해요.

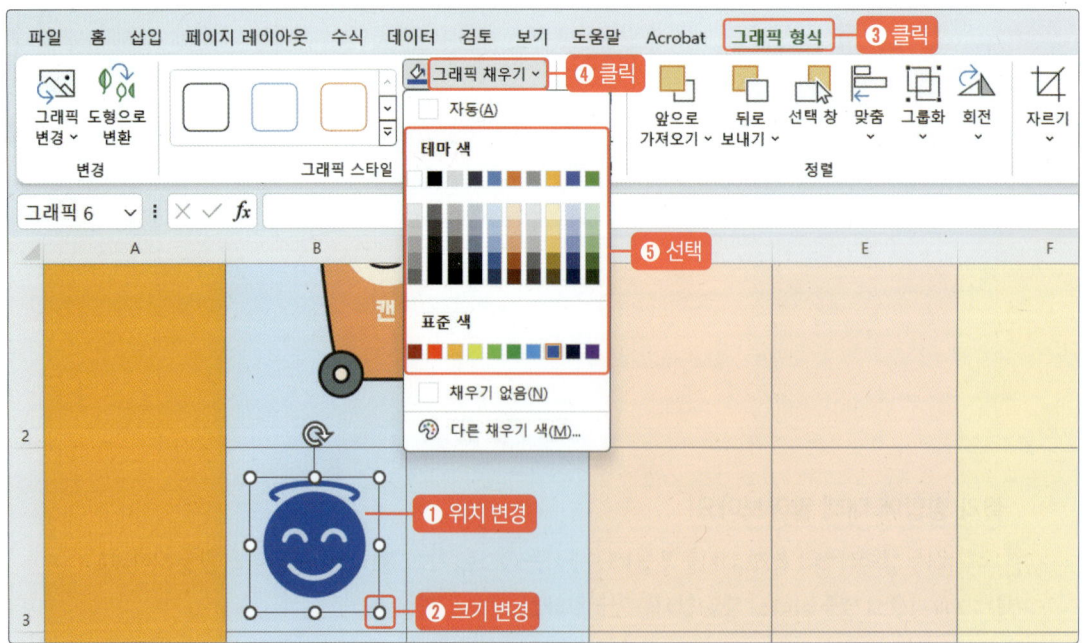

 작품을 완성해요

❶ 미리 병합된 [A1:A4] 셀에 내용을 입력한 다음 Enter 를 눌러 제목을 입력해요.
❷ [D1:E2], [F1:G2], [H1:I2] 셀을 각각 병합하고 재활용 통을 드래그 해요.
❸ 시트 오른쪽의 그림들을 드래그한 후 알맞은 재활용 통으로 분리수거 해보세요. Alt 를 누른 채 드래그하면 셀 안으로 그림이 쏙~ 들어간답니다.
❹ 빈 셀에 재미있는 아이콘을 채워 보세요.

실습파일 : 환경미화원_연습문제.xlsx   **완성파일** : 환경미화원_연습문제(완성).xlsx

친	리	력	마	선	연	비
시	나	필	물	달	부	동
가	랑	생	전	파	방	계
어	늘	요	하	개	구	간

<보기>
- [A2], [F5] → 친구
- [D5], [D2] →
- [A4], [F4] →
- [E3], [C2] →
- [F2], [C3] →
- [C4], [E2] →

❶ 셀 주소를 읽는 연습을 해볼게요. 보기를 참고하여 셀 주소의 글자를 조합해 단어를 찾아 적어보세요.
❷ 원하는 아이콘을 넣어 제목을 꾸며 보세요.
❸ 제시된 단어 외에 내가 찾은 단어를 셀 주소와 함께 적어보세요. (예 : [D2], [B5] → 마늘)

방송연출가 PD의 예능 퀴즈

학습목표
★ 셀에 테두리를 그려요.
★ 셀에 여러 가지 색상을 채워요.

실습파일 방송연출가(PD).xlsx 완성파일 방송연출가(PD)(완성).xlsx

	A	B	C	D	E	F	G	H	I	J	K	L	M	N	O	P
1		☀ 질문을 읽고 정답 단어를 찾아 보세요! 📕
3		김	충	양	베	카	린	백	황	귀	말	휴	람	중	곡
4		후	종	수	뚜	의	성	메	중	잘	점	복	면	가	왕
5		소	나	국	리	로	아	망	유	원	편	락	자	메	면
6		선	퀴	정	집	지	일	두	실	곤	빙	푸	광	감	자
7		교	장	끼	미	석	월	실	내	화	도	들	윤	소	이
8		북	별	토	가	진	근	일	로	절	푸	모	누	웅	고
9		초	개	디	선	준	돌	명	동	물	농	장	름	도	양
10		송	울	카	죽	탐	정	주	마	카	명	감	코	빈	이
11		단	나	은	구	린	빅	미	화	러	피	엑	여	금	스
12		렌	코	콜	제	마	우	스	선	쇄	신	셀	강	중	야
13		방	사	중	직	구	당	레	남	느	장	트	문	표	구
14		귀	리	유	축	방	니	배	봉	난	농	생	빈	구	이
15		트	발	포	재	바	좌	나	인	월	드	컵	적	다	콕
16		재	담	리	릿	석	린	장	대	난	작	기	하	목	라

창의 놀이터

표 안에서 방송과 관련된 단어를 찾아 표시해 보고, 그 외 새로운 단어도 함께 찾아보세요!

구	가	모	니	터	아	머	목
나	유	미	희	니	주	석	수
짱	리	나	라	풍	제	고	철
마	간	비	마	다	주	무	민
진	쇼	차	각	이	영	화	월
달	무	허	다	나	크	아	지
래	음	향	기	기	휴	신	더
강	대	본	일	토	가	화	금

대본 · 마이크 · 음향기기 · 모니터

1 셀 주변에 테두리를 만들어요!

❶ 엑셀 2021 프로그램을 실행하여 [Chapter 02_방송연출가]-**방송연출가(PD).xlsx** 파일을 불러와요.

❷ [B3] 셀부터 [O16] 셀을 드래그해요.

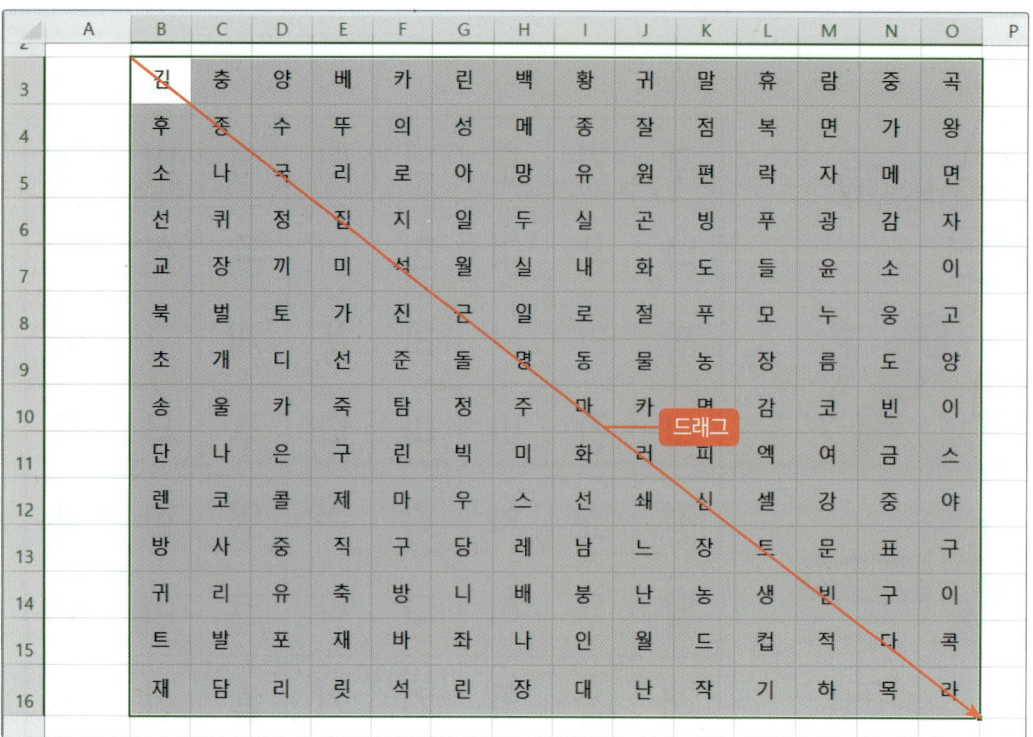

❸ [홈]-[글꼴]-[테두리]-[선 색] → 원하는 색상을 선택하여 마우스 포인터가 ✎모양으로 변경된 것을 확인해요.

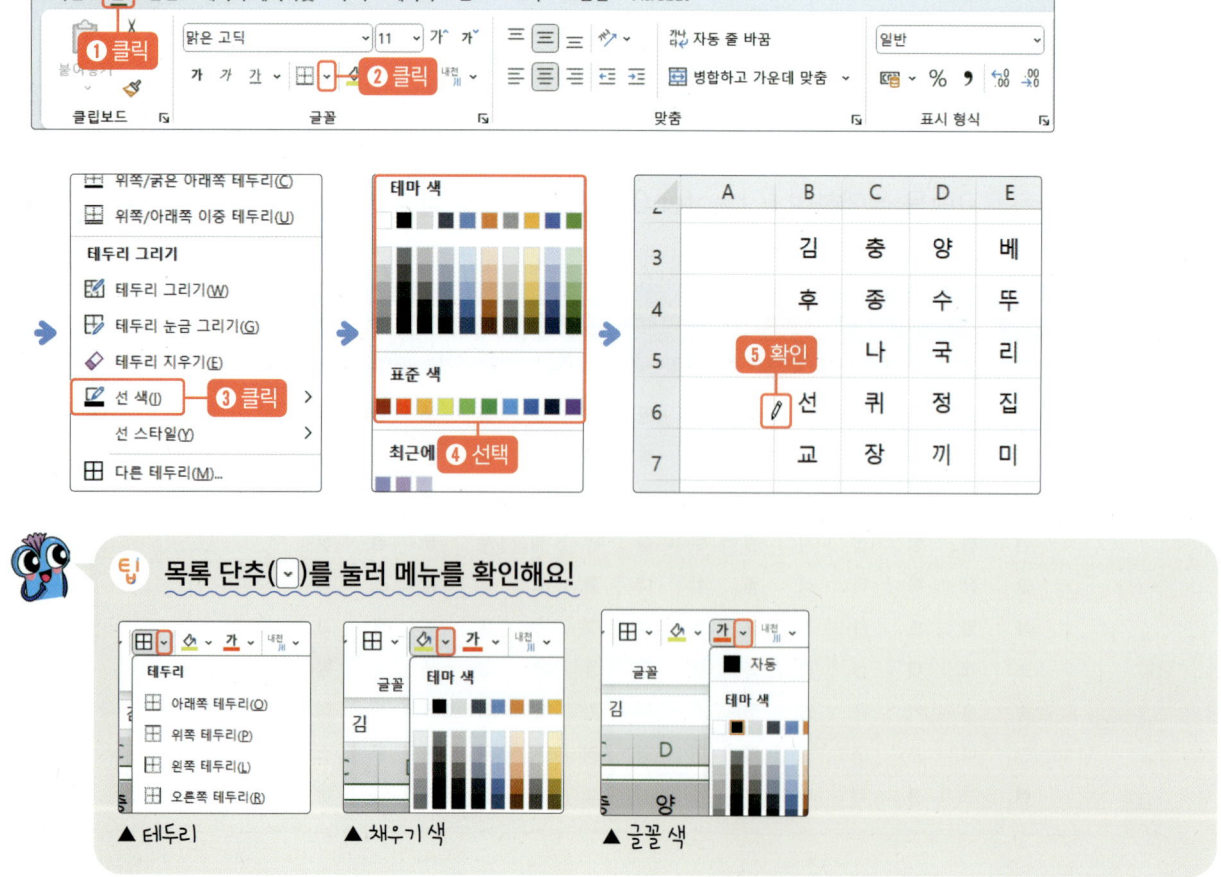

목록 단추(▾)를 눌러 메뉴를 확인해요!

▲ 테두리   ▲ 채우기 색   ▲ 글꼴 색

④ [홈]-[글꼴]-[테두리] → **[모든 테두리]**를 클릭하여 선택된 색상으로 테두리를 적용해요.

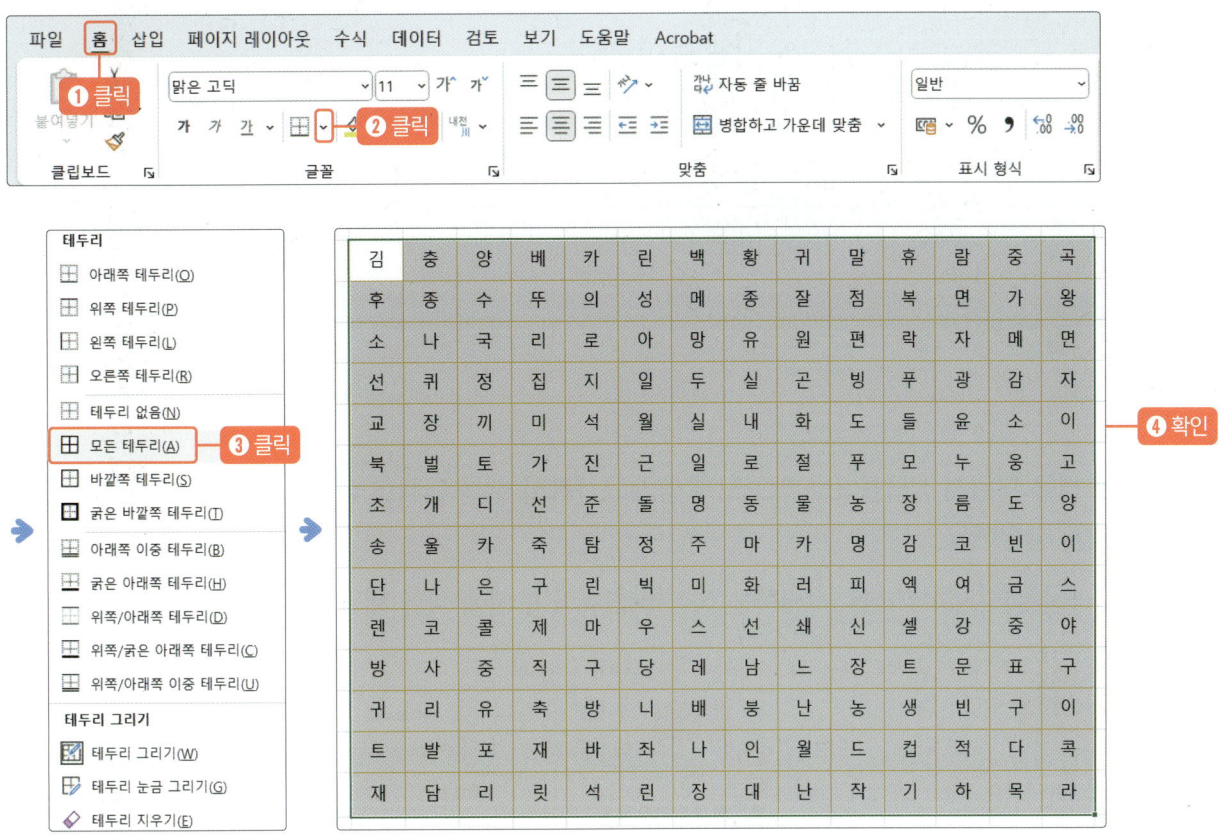

⑤ 이번에는 바깥쪽에 두꺼운 테두리를 만들어 볼게요. [B3:O16] 범위가 선택된 상태에서 **[굵은 바깥쪽 테두리]**를 클릭해요.

2 셀에 색을 채워요!

❶ 방송과 관련된 퀴즈 문제를 읽고 답을 적어보세요.

문제	우리나라의 유명 요리 연구가이면서 음식 관련 사업가이기도 해요. 충청도 사투리를 쓰는 것이 특징으로 구수하고 친근한 인상을 풍기며, '백주부'라는 별명을 가지고 있어요. 이 사람의 이름은 무엇일까요?
정답	

❷ 셀에 색을 채워서 정답을 표시해보도록 할게요. [H3] 셀을 선택한 다음 Ctrl 을 누른 채 [I4], [J5] 셀을 각각 클릭해요.

❸ [홈]-[글꼴]-[채우기 색] → 원하는 색상을 선택하여 셀에 색을 채워보세요.

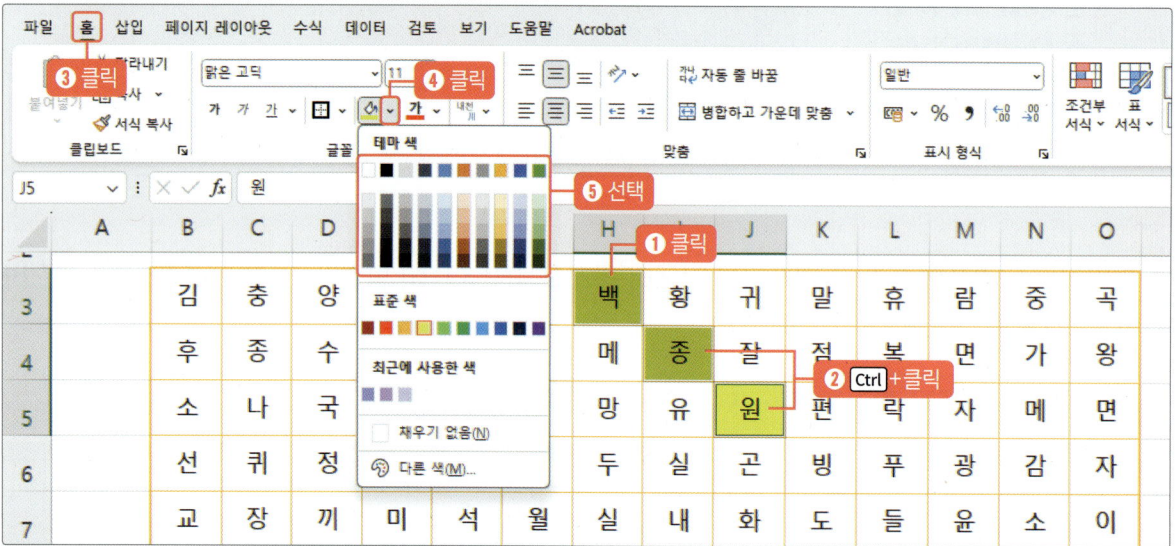

 팁 2개 이상의 셀을 선택해요!
- 붙어 있는 셀을 선택할 때는 드래그를 이용해요.
- 떨어져 있는 셀을 연속으로 선택할 때는 Ctrl 을 눌러 선택할 수 있어요.

❹ 방송과 관련된 문제를 읽고 답을 적어본 다음 표에서 정답을 찾아 해당 셀에 색을 채워주세요.

문제	매주 일요일 아침에 방송하는 프로그램으로, 인간과 동물의 소통을 다루고 있어요. 강아지, 새, 원숭이, 고양이 등 다양한 동물의 사연이 등장하며 수의사 또는 동물 행동 전문가의 도움을 받기도 해요. 이 프로그램의 이름은 무엇일까요?
정답	

 작품을 완성해요

	A	B	C	D	E	F	G	H	I	J	K	L	M	N	O	P
3		김	충	양	베	카	린	백	황	귀	말	휴	람	중	곡	
4		후	종	수	뚜	의	성	메	종	잘	점	복	면	가	왕	
5		소	나	국	리	로	아	망	유	원	편	라	자	메	면	
6		선	퀴	정	집	지	일	두	실	곤	빙	푸	광	감	자	
7		교	장	끼	미	석	월	실	내	화	도	들	윤	소	이	
8		북	별	토	가	진	근	일	로	절	푸	모	누	웅	고	
9		초	개	디	선	준	둘	명	동	물	농	장	름	도	양	
10		송	울	카	죽	탐	정	주	마	카	명	감	코	빈	이	
11		단	나	은	구	린	빅	미	화	러	피	엑	여	금	스	
12		렌	코	콜	제	마	우	스	선	쇄	신	셀	강	중	야	
13		방	사	중	직	구	당	레	남	느	장	트	문	표	구	
14		귀	리	유	축	방	니	배	붕	난	농	생	빈	구	이	
15		트	발	포	재	바	좌	나	인	월	드	컵	적	다	콕	
16		재	담	리	릿	석	린	장	대	난	작	기	하	목	라	

❶ 아래 키워드를 읽고 표에서 정답을 찾아 셀에 색을 채워보세요.
- 런닝맨, 미우새, 몸짱
- 런닝맨, 맏형, 왕코
- 가면, 가왕, 노래프로그램
- 메뚜기, 안경, MC

❷ 더 많은 단어를 찾아 셀에 색을 채워보세요.(엑셀, 마우스 등)

 더 멋지게 실력 뿜뿜

실습파일 : 방송연출가(PD)_연습문제.xlsx　　**완성파일** : 방송연출가(PD)_연습문제(완성).xlsx

❶ [B2:G6] 셀에 원하는 색상의 테두리를 자유롭게 지정해요.
❷ 'B' 열과 'E' 열은 셀에 입력된 색상 이름과 동일한 색으로 채워보세요. [채우기 색] → [다른 색]을 선택하면 '분홍색'과 같은 다양한 색상을 찾을 수 있어요.
❸ 시트 오른쪽의 그림을 드래그하여 배치해주세요.

우리 마을을 지켜주는 경찰관

학습목표
★ 행과 열의 개념을 배워요.
★ 행의 높이와 열의 너비를 조절해요.

실습파일 경찰관.xlsx   완성파일 경찰관(완성).xlsx

완성 작품 미리보기

직업 이야기

창의 놀이터 : 아래 순서를 참고하여 멋진 경찰차 일러스트를 그려보세요!

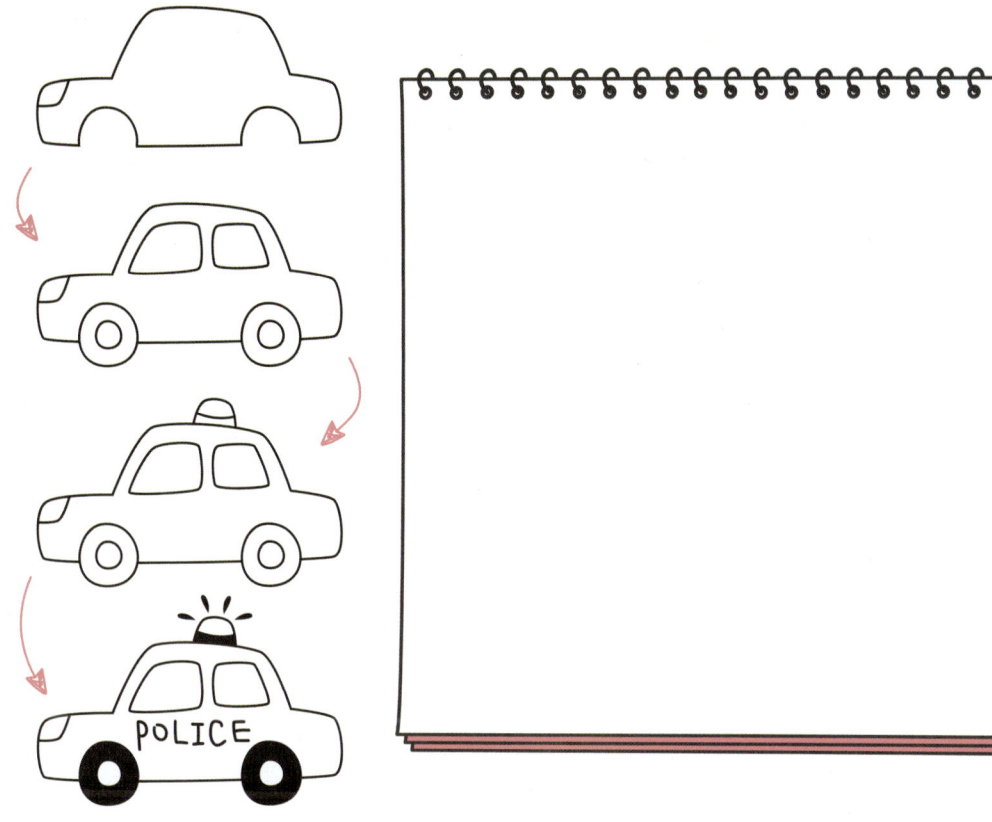

1 행과 열에 대해 알아보아요!

① 엑셀 2021 프로그램을 실행하여 [Chapter 03_경찰관]-**경찰관.xlsx** 파일을 불러와요.

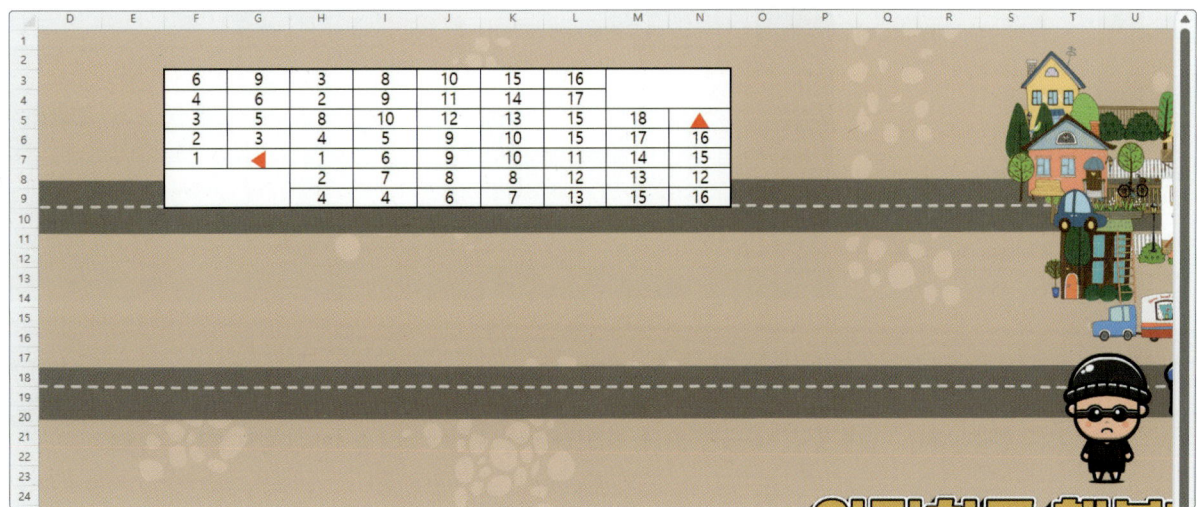

❷ 먼저 행과 열에 대해 알아보도록 할게요. 엑셀 프로그램 화면에서 숫자가 있는 가로를 '행', 알파벳이 있는 세로를 '열'이라고 부르기로 했어요.

2 전체 행의 높이와 열의 너비를 조절해요!

❶ 행 머리글과 열 머리글이 만나는 위치의 모두 선택 단추( )를 클릭하여 모든 셀을 선택해요.

❷ 4행의 머리글을 마우스 오른쪽 버튼으로 눌러 **[행 높이]**를 선택하고 **60**을 입력해요.

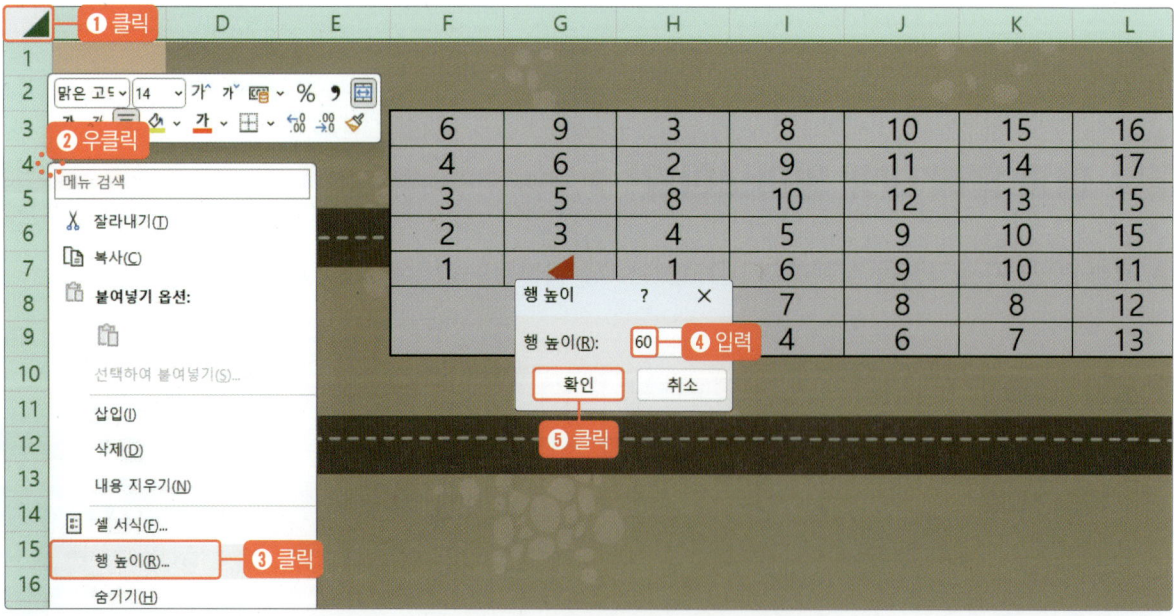

 팁 행 높이 조절하기!
모두 선택 단추( )를 클릭한 다음 행 높이를 변경했기 때문에 전체 행의 높이가 한 번에 변경될 거예요.

❸ 모든 셀이 선택된 상태에서 G열의 머리글을 마우스 오른쪽 버튼으로 눌러 **[열 너비]**를 선택하고 **11**을 입력해요.

❹ 행 높이와 열 너비가 변경된 것을 확인해 보세요.

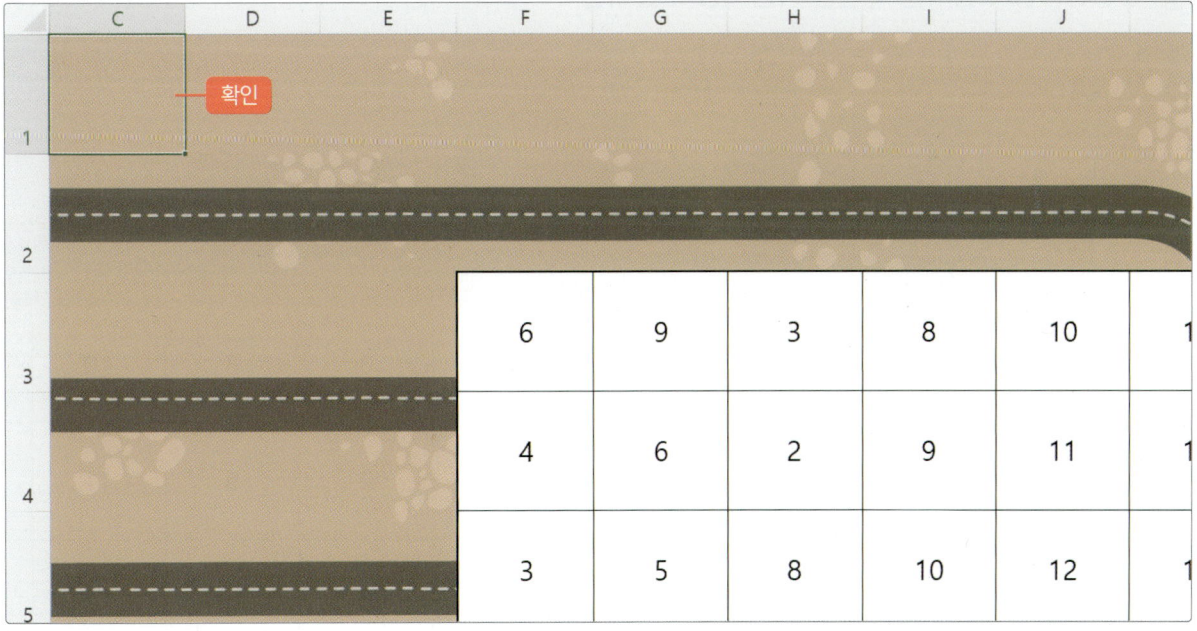

특정 행의 높이를 조절해요!

① 1행의 머리글을 마우스 오른쪽 버튼으로 눌러 **[행 높이]**를 선택하고 **20**을 입력해요.

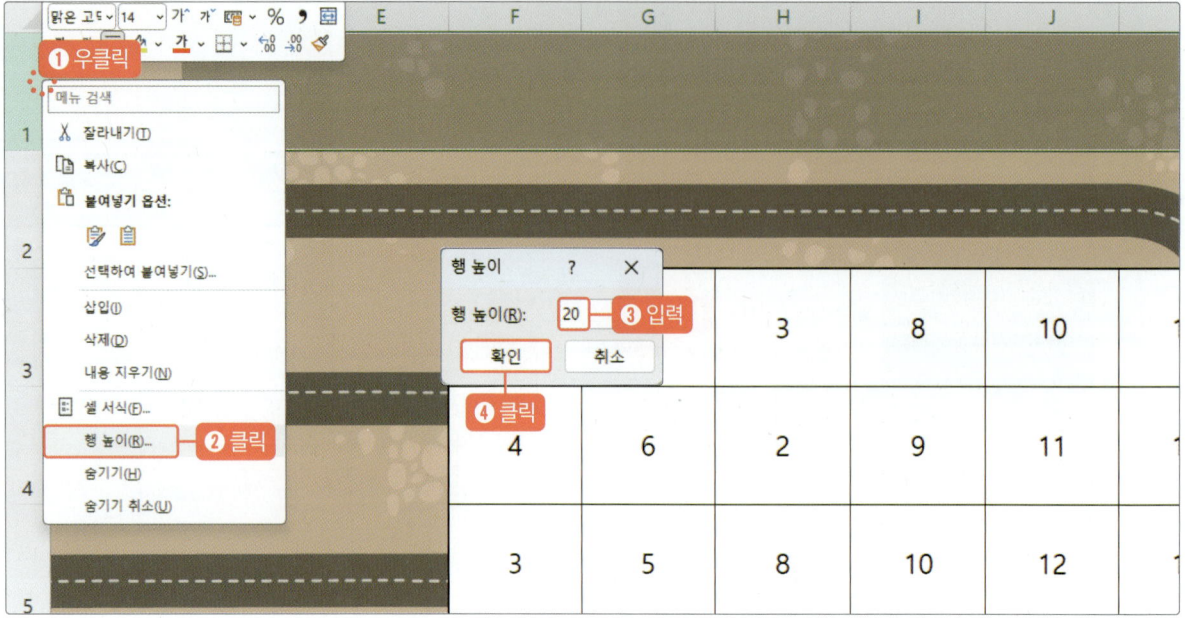

② 변경된 1행의 높이를 확인한 다음 **2행의 높이를 100**으로 지정해 보세요.

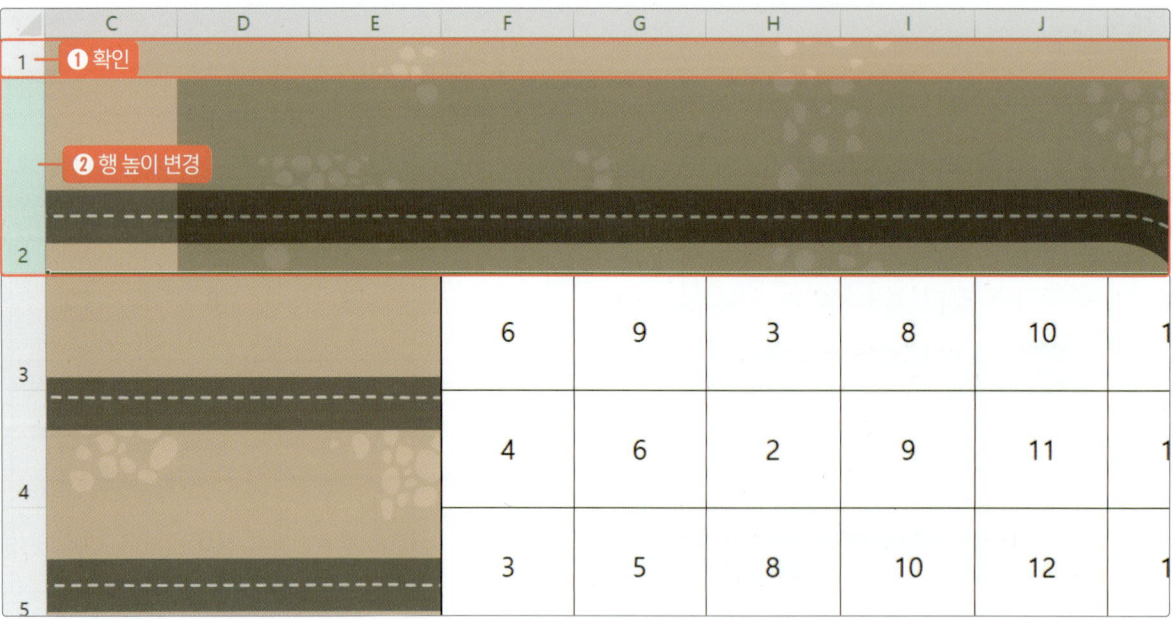

① 완성 작품을 참고하여 그림을 알맞게 배치해 보세요.
② 경찰관이 도둑을 잡을 수 있도록 1부터 16까지 이어진 셀에 색을 채워주세요.

실습파일 : 경찰관_연습문제.xlsx   완성파일 : 경찰관_연습문제(완성).xlsx

① 열의 너비를 변경해요.
- B, H 열 : 30
- C, G 열 : 5
- D, F 열 : 10
- E 열 : 1

② 행의 높이를 변경해요.
- 2, 8 행 : 150
- 3, 7 행 : 30
- 4, 6 행 : 60
- 5 행 : 10

③ 주변의 그림을 배치하여 마을을 꾸며보세요.

CHAPTER 04
역사를 이어가는 문화재보존가

학습목표
★ 시트에 대해 알아보고 시트 이름을 변경해요.
★ 행과 열을 삭제하고 한자를 입력해요.

실습파일 문화재보존가.xlsx   완성파일 문화재보존가(완성).xlsx

완성 작품 미리보기

직업 이야기

창의 놀이터 : 가로 힌트와 세로 힌트를 참고하여 재미있는 십자말풀이를 완성해 보세요!

가로힌트

1. 문화재의 파손된 곳을 복원하는 직업
6. 대한민국을 줄여 부르는 말
8. 손을 보호하기 위해 끼는 물건
9. 매일 겪은 일이나 생각을 적는 노트

세로힌트

2. 목이 길게 올라오는 모양으로 비가 올 때 신는 신발
3. 즐거운 기분이나 느낌을 뜻하는 말(게임이 OO있어요!)
4. 행동이 느리거나 게으른 모습 (달팽이, 거북이, 나무늘보)
5. 노래를 잘 부르는 직업을 가진 사람
7. 요리에서 건더기를 제외한 물을 뜻하는 말
10. 꽃이나 향수에서 나는 좋은 냄새

1 시트의 이름을 바꿔요!

1. 엑셀 2021 프로그램을 실행하여 [Chapter 04_문화재보존가]-**문화재보존가.xlsx** 파일을 불러와요.

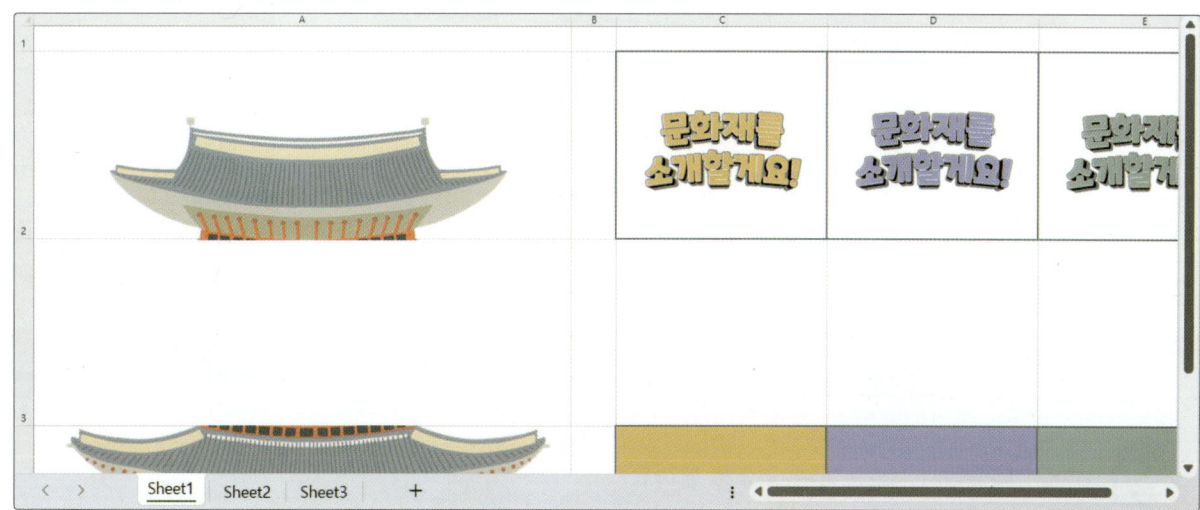

❷ [Sheet1] 위에서 마우스 오른쪽 버튼을 눌러 [이름 바꾸기]를 클릭해요.

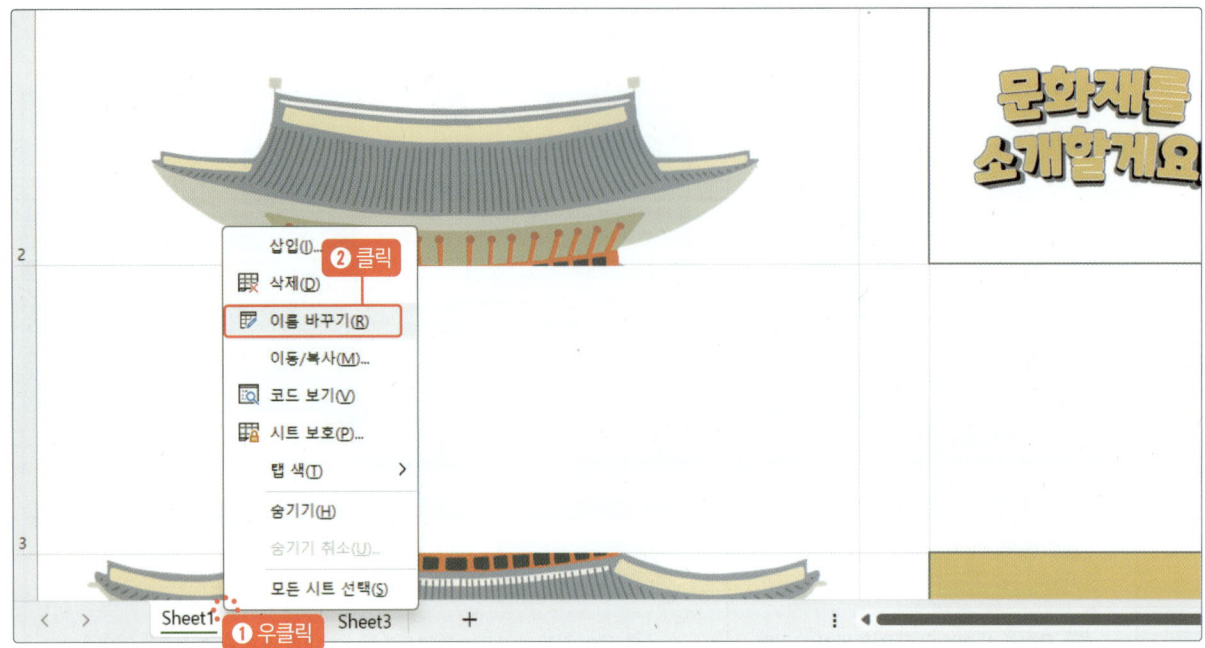

❸ 시트 이름을 입력할 수 있는 상태로 바뀌면 **경복궁**을 입력해요.

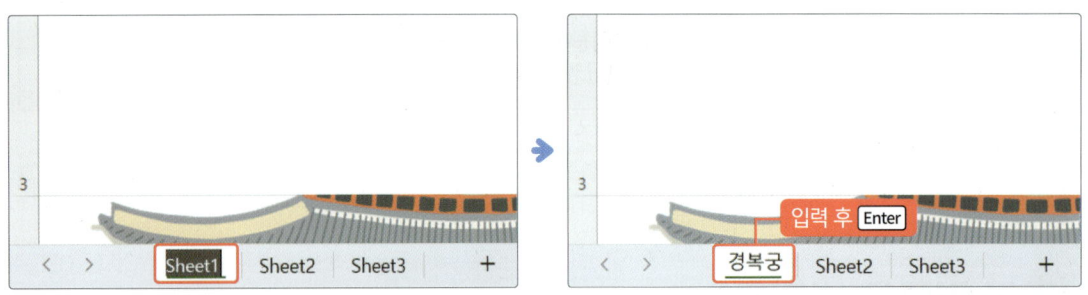

❹ 똑같은 방법으로 나머지 시트의 이름을 바꿔주세요.

팁 엑셀에서 시트는 무슨 역할을 할까요?

파워포인트 프로그램에는 '슬라이드', 한글 프로그램에는 '문서'가 있듯이 엑셀 프로그램에는 '시트'가 있어요. 한 파일 안에서 여러 가지를 작업할 경우에는 시트를 구분하는 것이 편리하답니다!

행과 열을 삭제해요!

① 망가진 문화재를 복원하기 위해 **3행 머리글** 위에서 마우스 오른쪽 버튼을 눌러 **[삭제]**를 클릭해요.

② 복원된 경복궁 이미지를 확인해 볼까요?

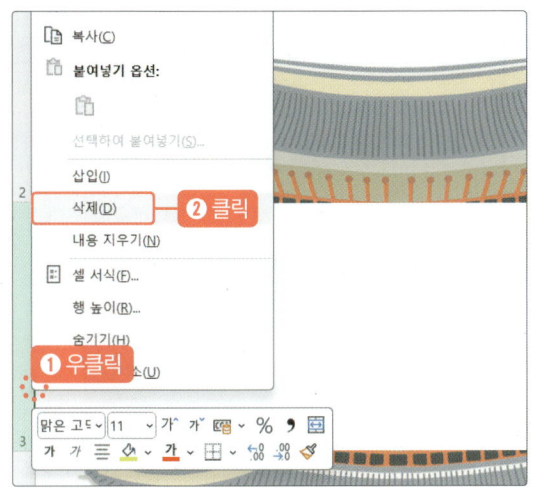 

③ 이번에는 열을 삭제하여 경복궁 문화재와 관련된 설명만 남겨볼게요.

④ **C열 머리글**을 선택하고 Ctrl을 누른 채 **E열 머리글**을 클릭한 다음 마우스 오른쪽 버튼을 눌러 **[삭제]**를 클릭해요.

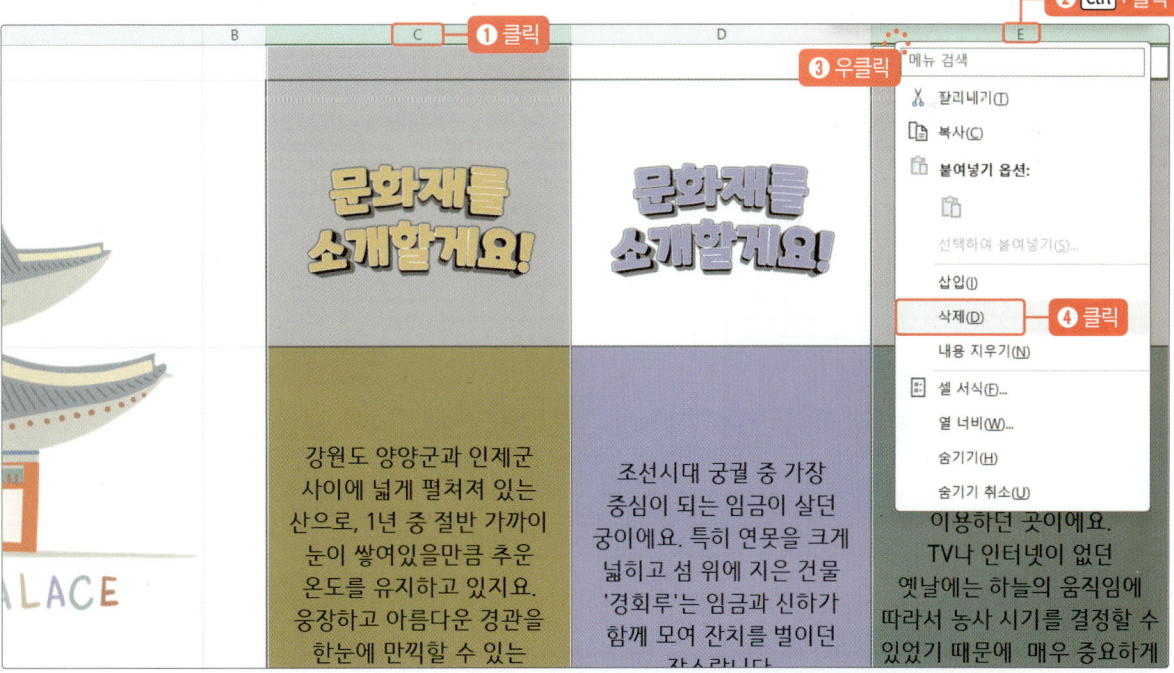

3 한자를 입력해요!

❶ **[C3]** 셀을 더블 클릭한 다음 비어 있는 맨 윗줄에 문화재의 이름(**경복궁**)을 입력해 보세요.

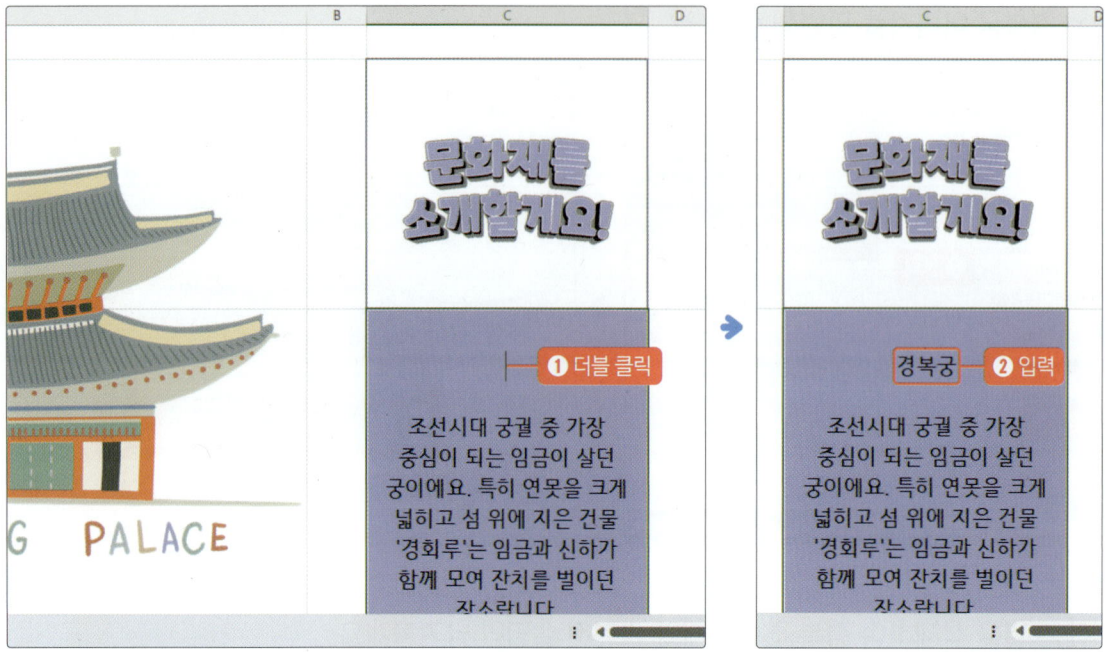

❷ 입력한 내용을 블록으로 지정한 다음 한자 를 눌러 한글을 '**한자**'로 바꾸어 입력해요.

작품을 완성해요

❶ [첨성대] 시트의 행과 열을 삭제하여 문화재를 복원한 다음 '瞻星臺(첨성대)'를 입력해요.
❷ [설악산] 시트의 행과 열을 삭제하여 문화재를 복원한 다음 '雪岳山(설악산)'을 입력해요.

더 멋지게 실력 뿜뿜

실습파일 : 문화재보존가_연습문제.xlsx   **완성파일** : 문화재보존가_연습문제(완성).xlsx

❶ 각 시트의 이름을 변경해 보세요.
❷ 행과 열을 삭제하여 알맞은 전통음식의 그림과 내용만 남겨주세요.

CHAPTER 05
컨셉에 맞추어 변신, 분장사

학습목표

★ 도형을 삽입하고 색상을 변경해요.
★ 3D 모델을 넣어 시트를 꾸며요.

실습파일 분장사.xlsx 완성파일 분장사(완성).xlsx

완성 작품 미리보기

직업 이야기

창의 놀이터 : 다양한 모습으로 분장한 캐릭터와 똑같은 그림자를 찾아 선을 연결해 보세요!

1 도형을 삽입해요!

① 엑셀 2021 프로그램을 실행하여 [Chapter 05_분장사]-**분장사.xlsx** 파일을 불러와요.

05 컨셉에 맞추어 변신, 분장사

❷ 마린분장샵을 찾은 손님들이 어떤 분장을 원하는지 먼저 살펴볼까요?

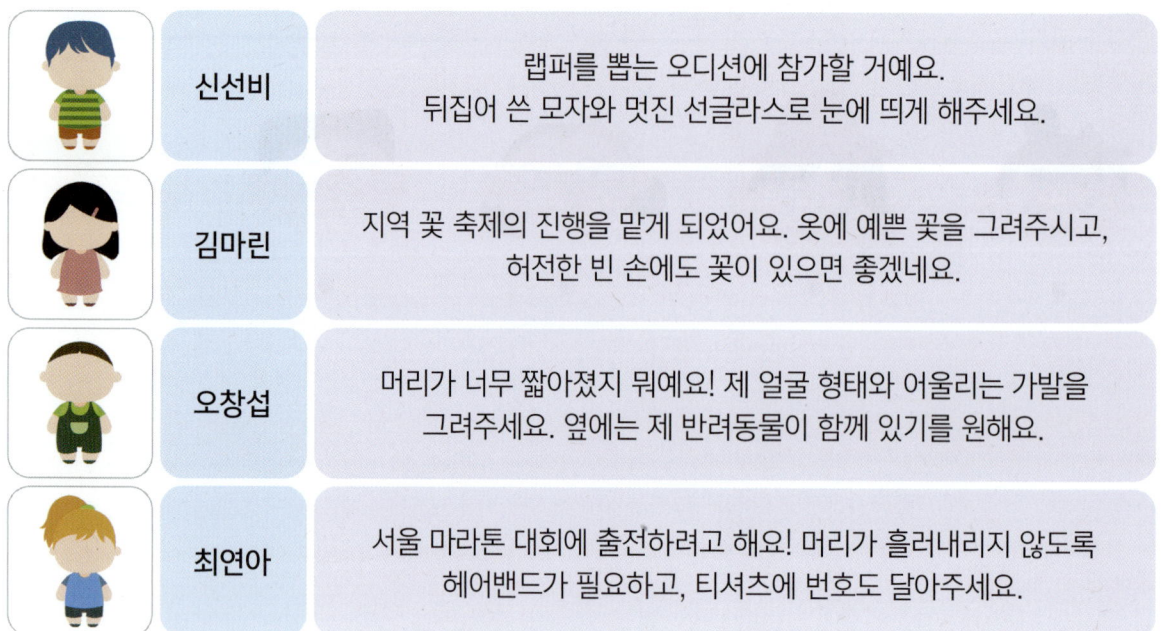

	신선비	랩퍼를 뽑는 오디션에 참가할 거예요. 뒤집어 쓴 모자와 멋진 선글라스로 눈에 띄게 해주세요.
	김마린	지역 꽃 축제의 진행을 맡게 되었어요. 옷에 예쁜 꽃을 그려주시고, 허전한 빈 손에도 꽃이 있으면 좋겠네요.
	오창섭	머리가 너무 짧아졌지 뭐예요! 제 얼굴 형태와 어울리는 가발을 그려주세요. 옆에는 제 반려동물이 함께 있기를 원해요.
	최연아	서울 마라톤 대회에 출전하려고 해요! 머리가 흘러내리지 않도록 헤어밴드가 필요하고, 티셔츠에 번호도 달아주세요.

❸ [신선비] 시트에서 [삽입]-[일러스트레이션]-[도형( )] → [기본 도형-달( )]을 선택하여 도형을 삽입한 후 색상을 변경해요.

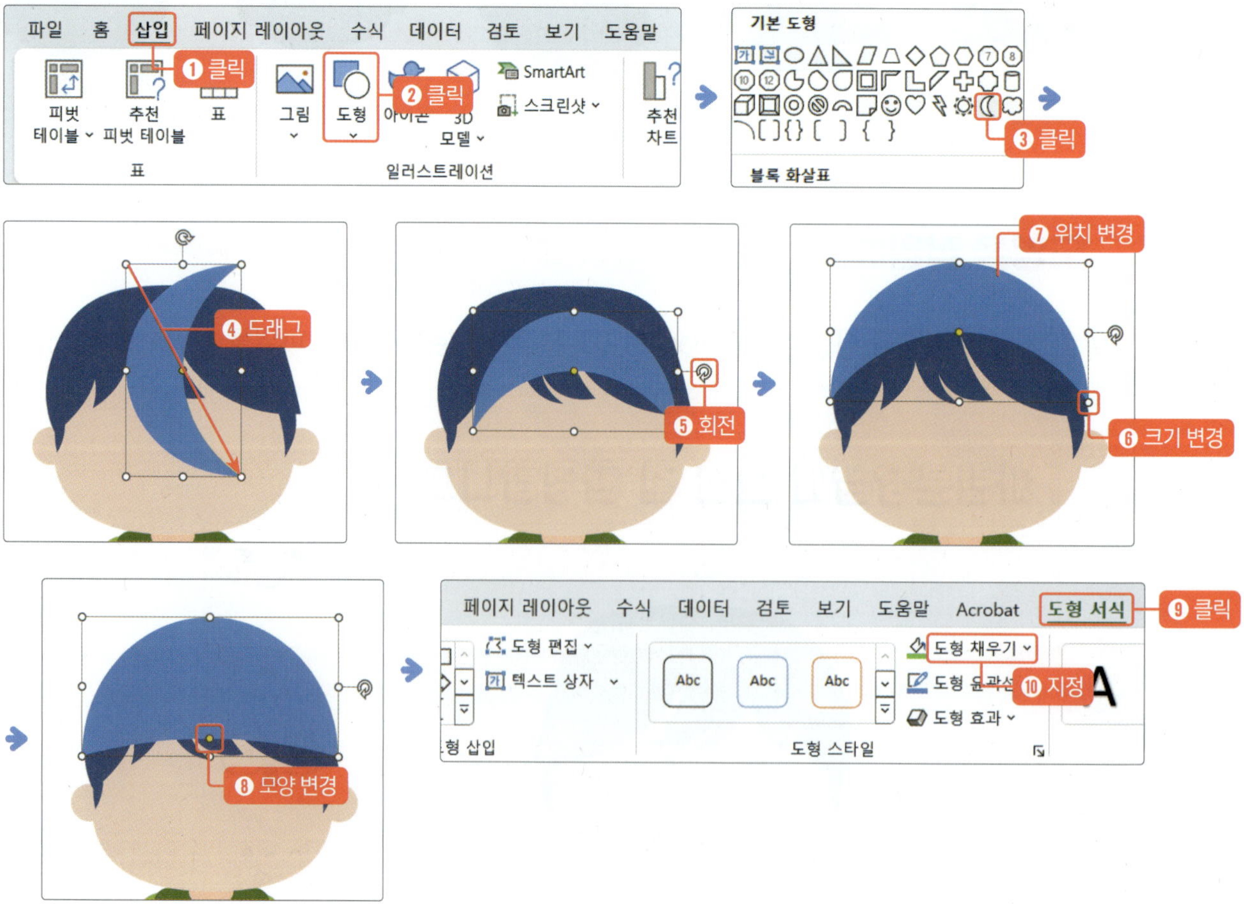

34

④ 이번에는 [기본 도형-타원(○)]을 추가한 다음 마우스 오른쪽 버튼을 눌러 **[맨 뒤로 보내기]**를 선택해요.

⑤ [도형 서식]-[도형 스타일]-**[도형 채우기]** → 원하는 색상을 선택해요.

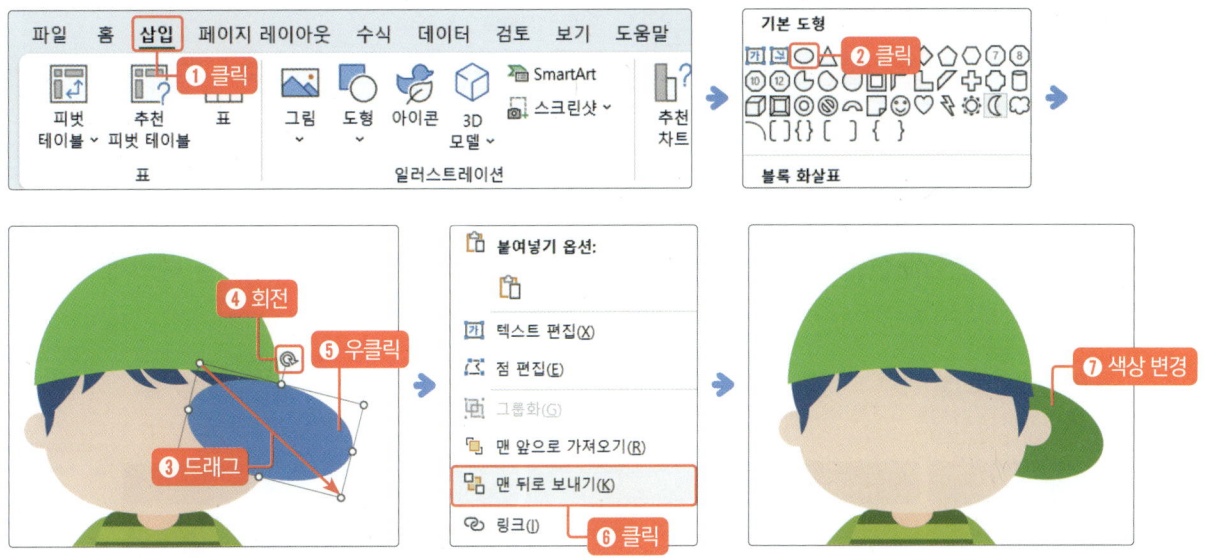

 도형으로 그림을 그릴 때 참고해요!
- 흰색 조절점(○) : 도형의 크기를 조절할 수 있어요.
- 노란색 조절점(●) : 도형의 모양을 변형할 수 있어요.
- 회전 조절점(⟳) : 도형을 회전시킬 수 있어요.

⑥ 시트 오른쪽에서 원하는 얼굴 표정을 넣어봅니다.

② 3D 모델을 넣어 캐릭터를 꾸며요!

❶ [삽입]-[일러스트레이션]-[3D 모델()]을 클릭해요.

❷ [Summer]를 클릭해 **선글라스**를 선택한 후 <삽입>을 클릭해요. 이어서, 캐릭터를 예쁘게 꾸며 보세요.

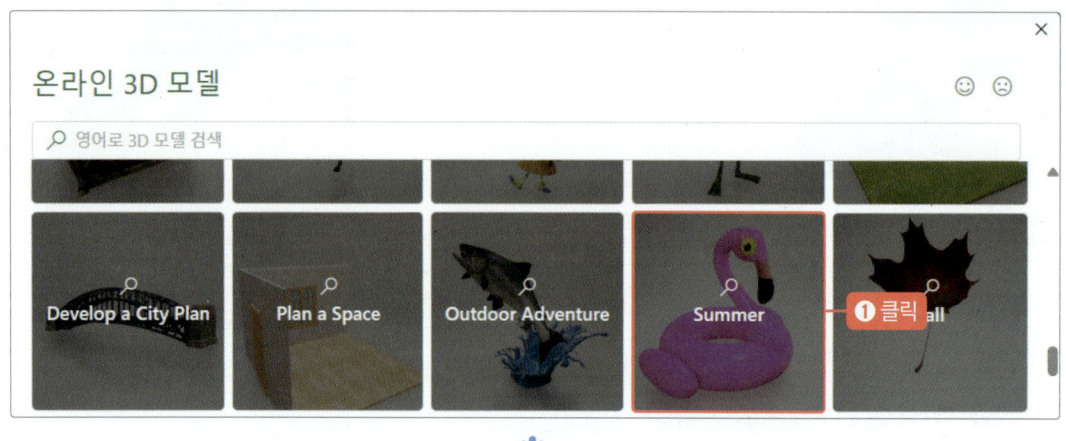

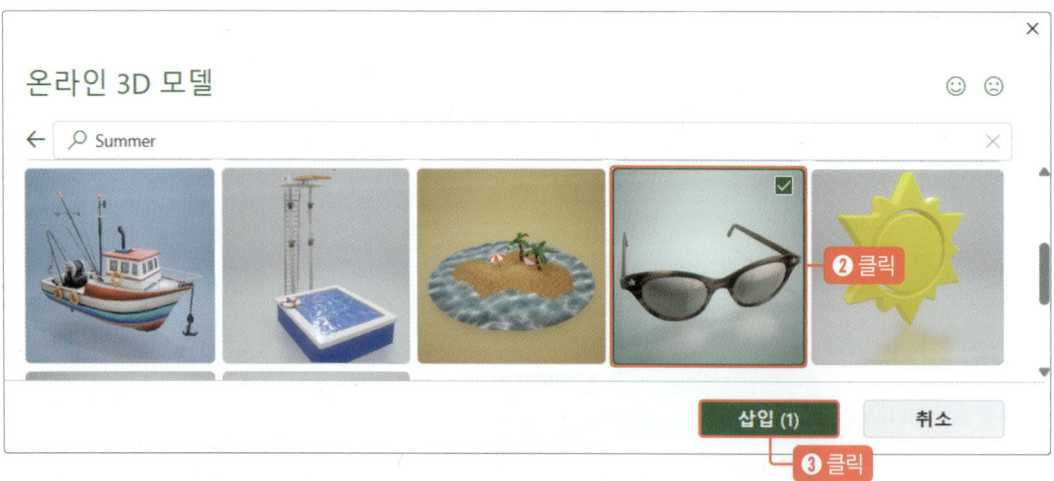

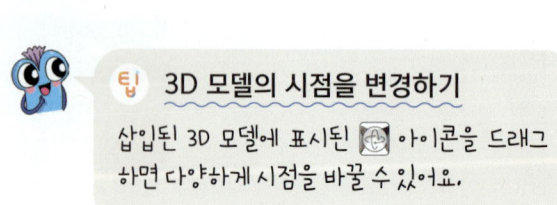

3D 모델의 시점을 변경하기

삽입된 3D 모델에 표시된 아이콘을 드래그 하면 다양하게 시점을 바꿀 수 있어요.

① 34p 2번 의뢰 내용을 참고하여 각 시트의 인물을 자유롭게 분장시켜 주세요.
- [김마린] 시트(꽃) : [기본 도형-타원(◯)], [3D 모델]-[3D Origami]
- [오창섭] 시트(머리) : [기본 도형-구름(☁)], [3D 모델]-[Animals]
- [최연아] 시트(헤어밴드) : [기본 도형-사다리꼴(△)], [3D 모델]-[Alphanumeric Blocks]

실습파일 : 분장사_연습문제.xlsx   완성파일 : 분장사_연습문제(완성).xlsx

① 아래 도형을 활용하여 동물의 얼굴을 만들어 보세요.
- [기본 도형-타원(◯)]   • [기본 도형-달(☾)]

② [3D 모델(◇)]에서 [Stickers]를 이용해 표정을 꾸며 보세요.

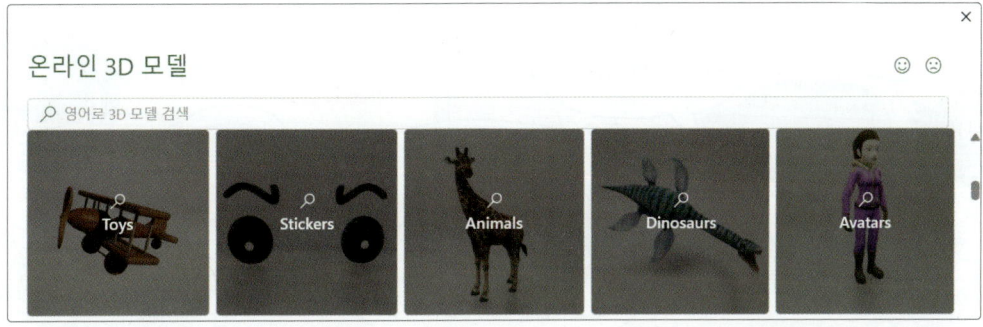

물건의 가치를 더하는 상품기획자

학습목표
★ 셀을 복사하여 그림을 그려요.
★ 엑셀 워크시트의 눈금선을 숨겨요.

실습파일 상품기획자.xlsx   완성파일 상품기획자(완성).xlsx

완성 작품 미리보기

직업 이야기

창의 놀이터 : 에도쿠 퍼즐 게임의 예시 이미지와 방법을 읽고 각 칸에 알맞은 그림을 그려보세요!

예시

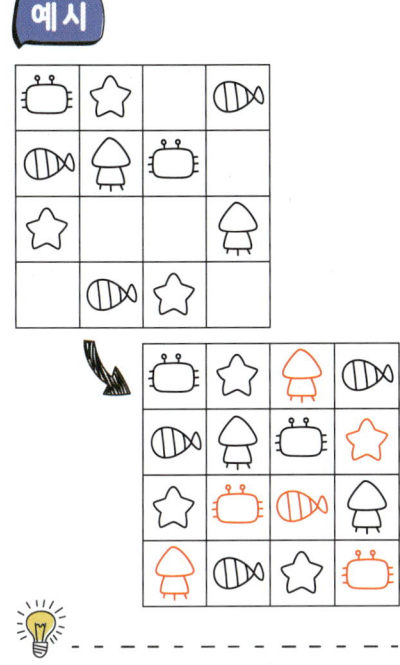

표의 가로와 세로 줄에 똑같은 그림을 배치하지 않아요.

1 셀을 복사하여 색을 채워요!

① 엑셀 2021 프로그램을 실행하여 [Chapter 06_상품기획자]-**상품기획자.xlsx** 파일을 불러와요.

06 물건의 가치를 더하는 상품기획자

❷ [C6] **핑크색** ☆ 모양 셀을 선택한 다음 Ctrl+C를 눌러 복사 상태로 변경해요.

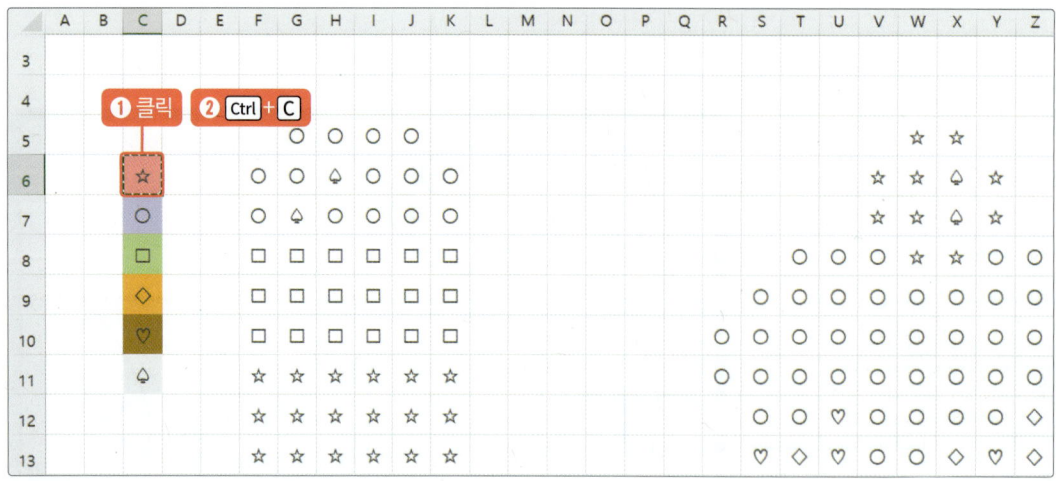

❸ 해당 색상을 '☆' 모양이 있는 셀에 붙여볼게요. **[F11:K13]**을 범위로 지정한 다음 Ctrl+V를 눌러 보세요.

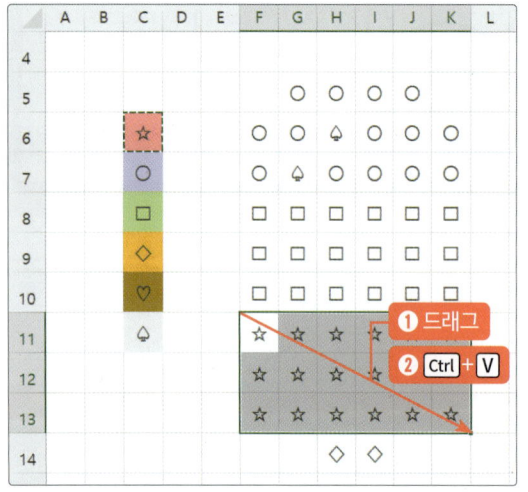
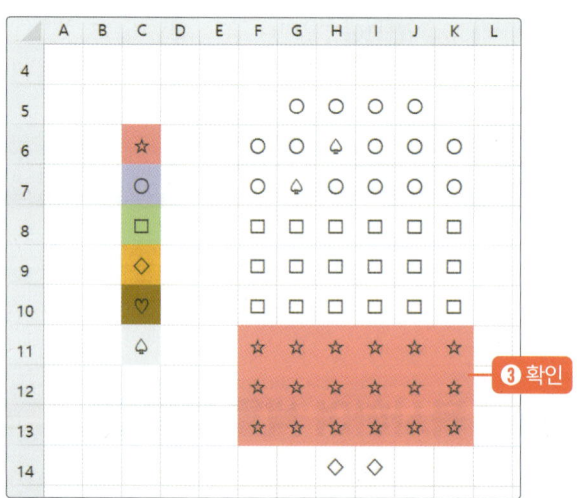

❹ 이번에는 **[C8] 초록색** □ 모양 셀을 복사하여 셀에 붙여넣어요.

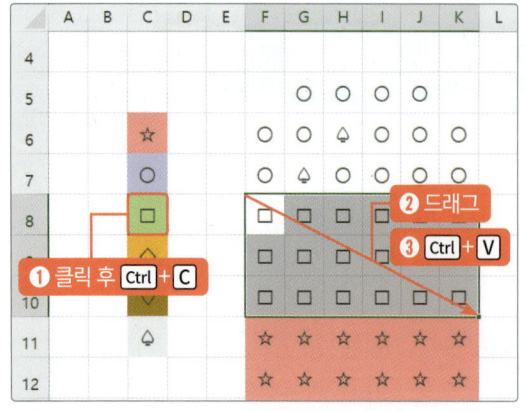
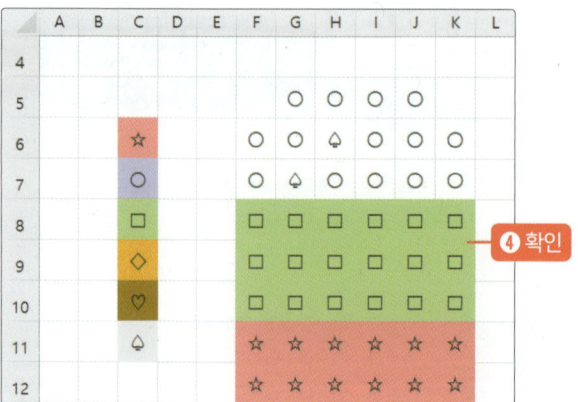

② 떨어져 있는 여러 셀을 한 번에 선택해요!

❶ [C11] 흰색 ♠ 모양 셀을 복사한 다음 해당 색상을 '♠' 모양이 있는 셀에 붙여 볼게요.

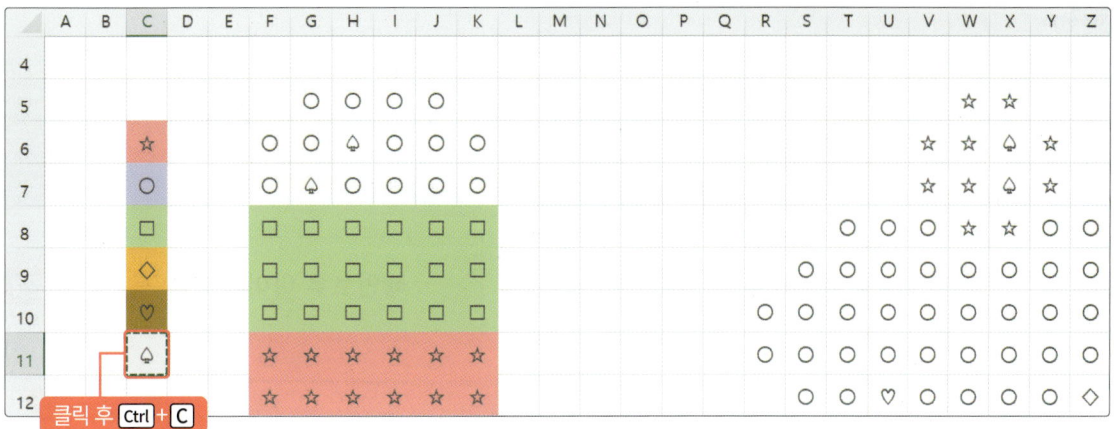

❷ [G7] 셀을 클릭한 다음 Ctrl을 누른 채 [H6] 셀을 선택하여 떨어져 있는 셀을 한 번에 범위로 지정해요. 그다음 Ctrl+V를 눌러 셀에 붙여넣어요.

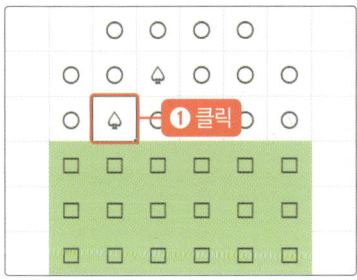 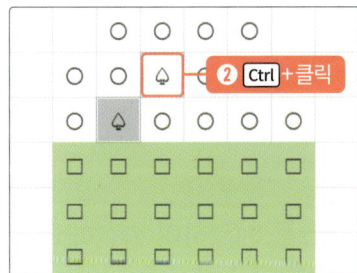 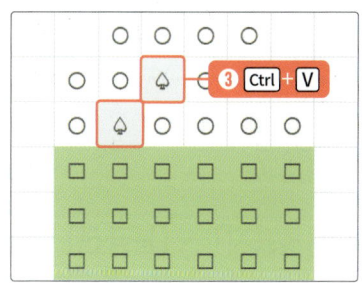

❸ 배운 기능을 활용하여 셀에 색상을 모두 채워 상품을 완성해 보세요.

❹ ◢를 클릭하여 시트의 모든 셀을 선택한 다음 Delete를 눌러 셀에 입력된 모든 문자들을 삭제해요.

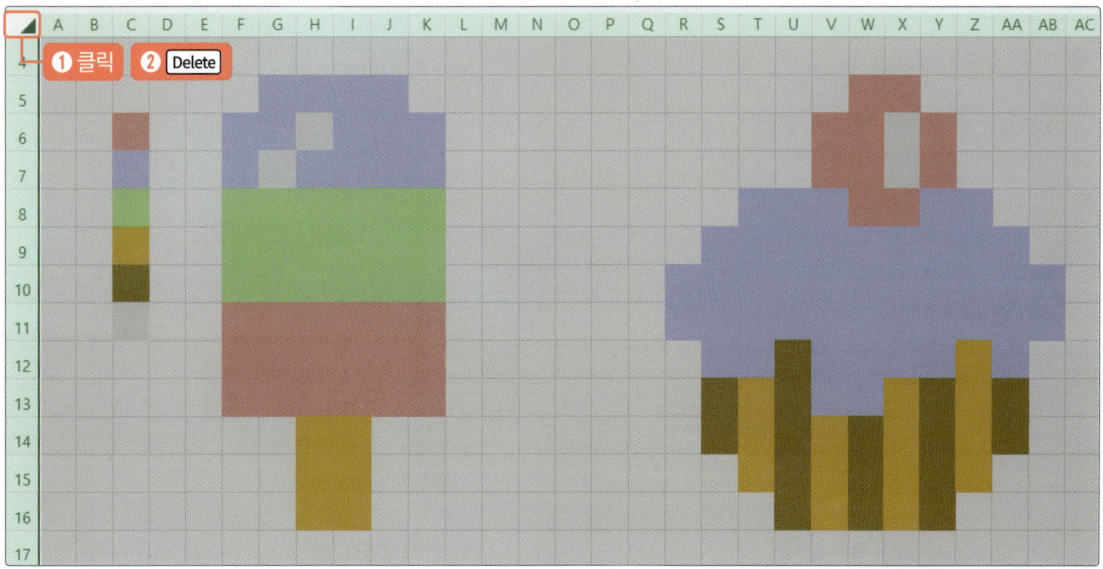

06 물건의 가치를 더하는 상품기획자 41

병합된 셀에 내용을 2줄로 입력해요!

① 기획한 상품의 이름과 가격을 어떻게 정하면 좋을까요? 각 상품의 이름과 가격을 원하는 대로 입력해 보세요.

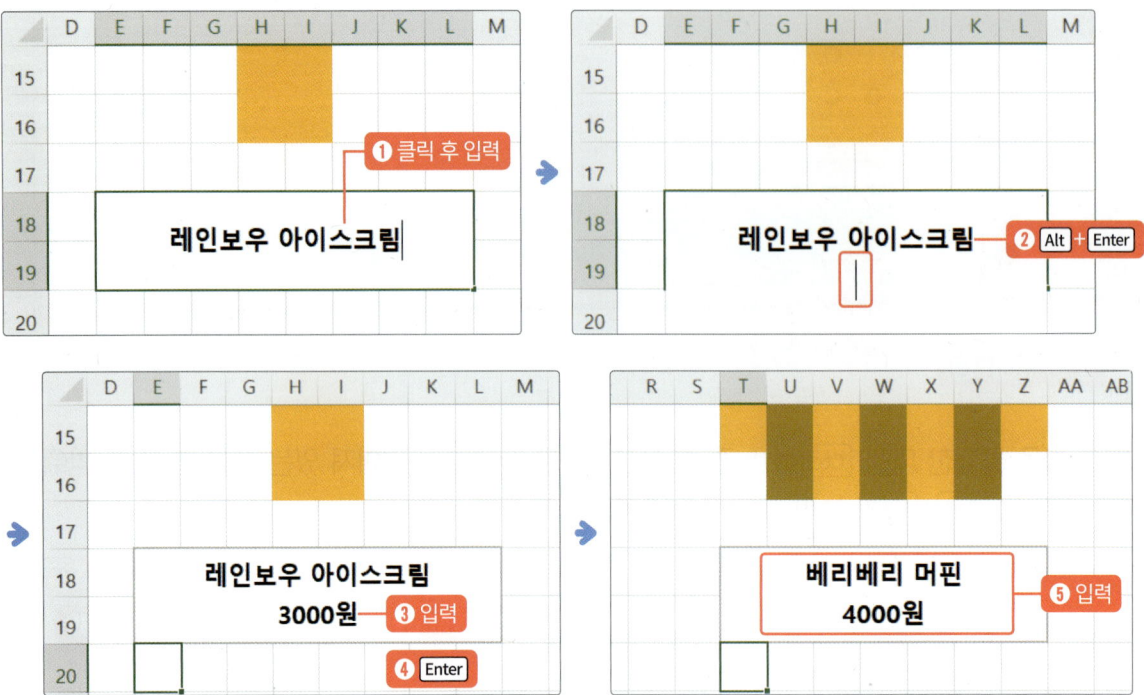

② [보기]-[표시] → **[눈금선]** 항목의 체크를 해제하여 완성해요.

작품을 완성해요

❶ [자동차 상품기획] 시트의 픽셀 아트를 완성한 다음 자동차 상품의 이름과 가격을 입력해 주세요.

더 멋지게 실력뿜뿜

실습파일 : 상품기획자_연습문제.xlsx   **완성파일** : 상품기획자_연습문제(완성).xlsx

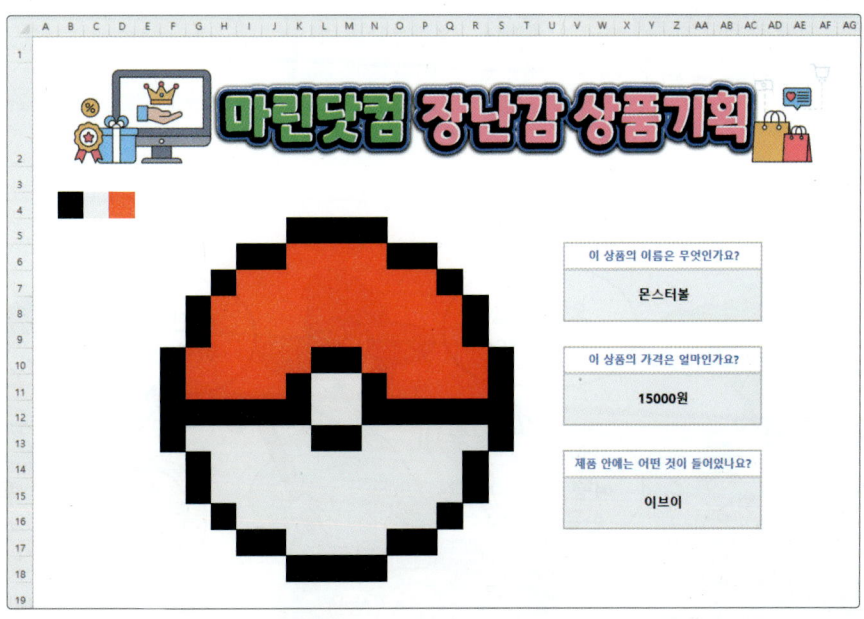

❶ 셀 복사 기능을 이용하여 픽셀 아트를 완성한 다음 상품 관련 질문에 알맞은 답을 입력해 주세요.

CHAPTER 07
여행상품 개발자의 추천 여행지!

학습목표
★ 시트에 배경 그림을 삽입해요.
★ 인터넷을 활용하여 그림을 넣고 그림 스타일을 적용해요.

실습파일 없음   완성파일 여행상품개발자(완성).xlsx

 **완성 작품 미리보기**

직업 이야기

창의 놀이터 : 여행 관련 물건의 이름과 일치하는 초성에 선을 연결해 주세요!

ㅁㅈ　ㅇㄱ　ㅈㄷ　ㅋㅁㄹ　ㄱㅂ

1 엑셀을 실행한 다음 배경을 삽입해요!

① 엑셀 2021 프로그램을 실행해요.

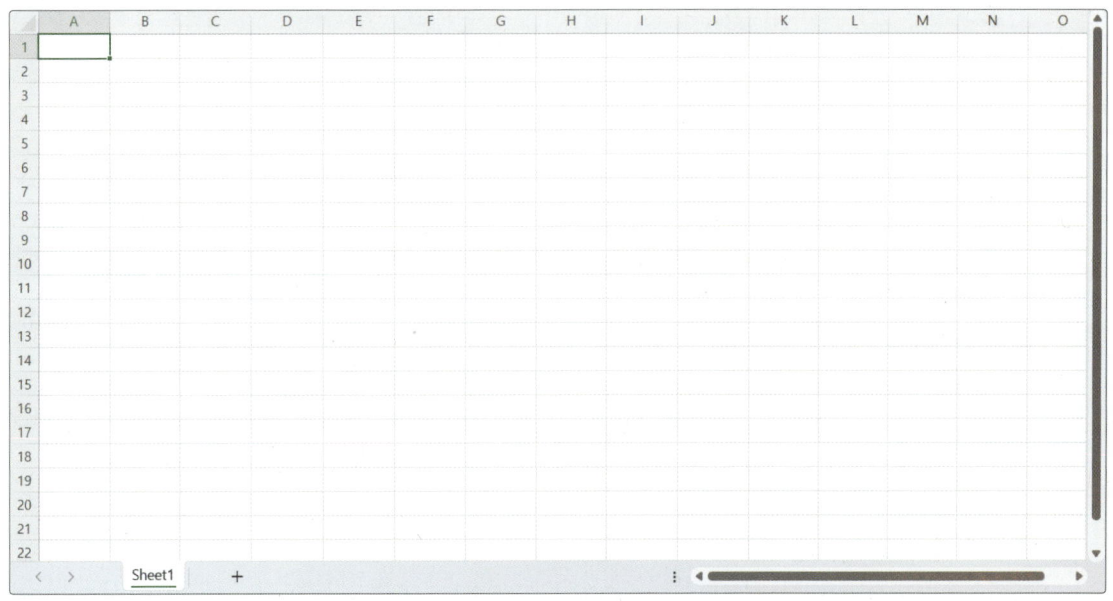

❷ [페이지 레이아웃]-[페이지 설정]-**[배경( )]**을 클릭해요.

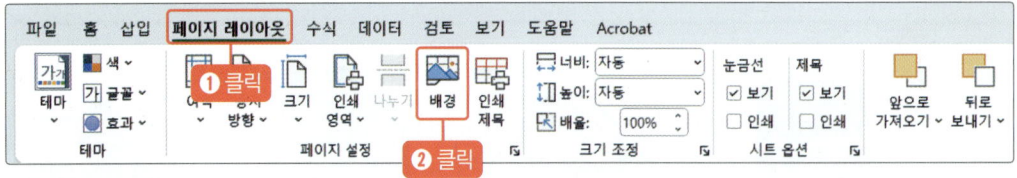

❸ [불러올 파일]-[Chapter 07_여행상품개발자]-**배경.jpg** 파일을 선택하고 <삽입>을 클릭해요.

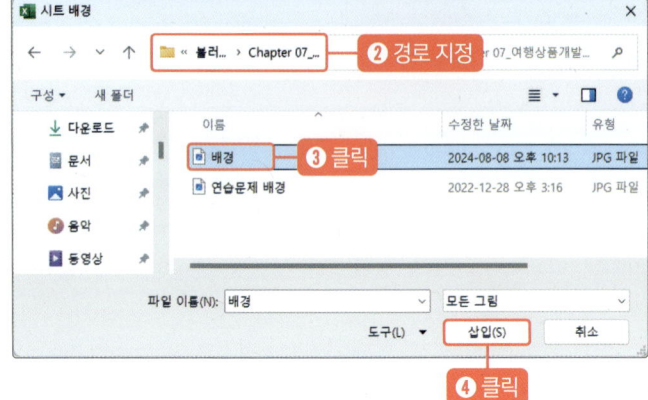

❹ 시트에 배경이 삽입된 것을 확인해요.

❺ [보기]-[표시] → [눈금선] 항목의 체크를 해제하여 시트의 눈금선을 숨겨요.

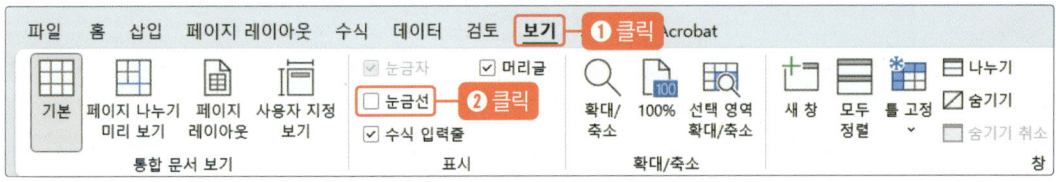

2 인터넷에서 원하는 이미지를 복사해요!

❶ 인터넷을 실행한 다음 **제주도 여름 배경**을 검색해요.

❷ 원하는 가로 형태의 이미지 위에서 마우스 오른쪽 버튼을 눌러 [**이미지 복사**]를 선택해요.

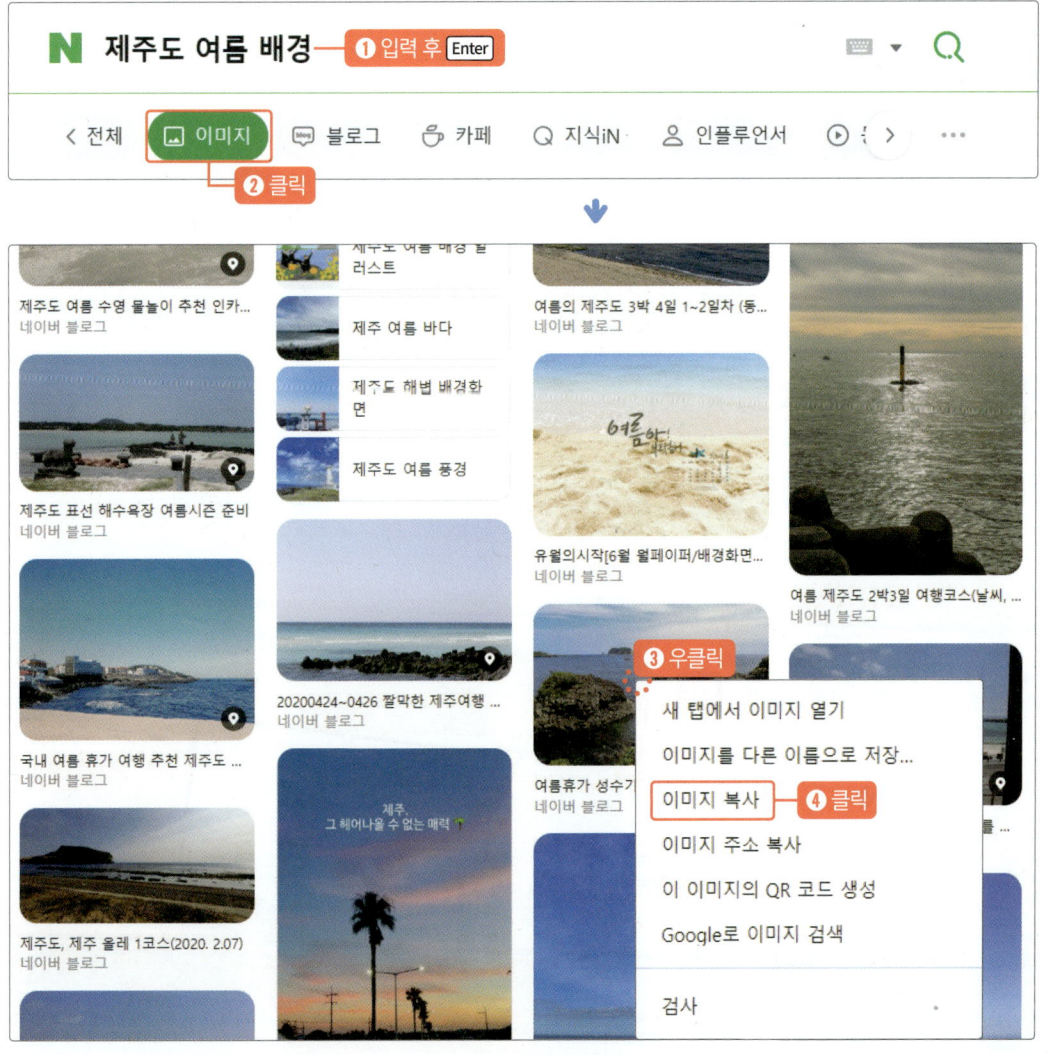

❸ 작업 중인 **여행상품개발자.xlsx** 파일을 활성화시킨 다음 Ctrl+V를 눌러 복사한 이미지를 붙여넣어요.

💡 **작업 시 참고해요**
복사된 그림은 현재 선택된 셀을 기준으로 삽입될 거예요.

3 그림에 스타일을 적용해요!

❶ [그림 서식]-[그림 스타일]-▼를 클릭하여 그림에 적용하고 싶은 스타일을 선택해요.

❷ 그림의 크기와 위치를 적당하게 조절해요.

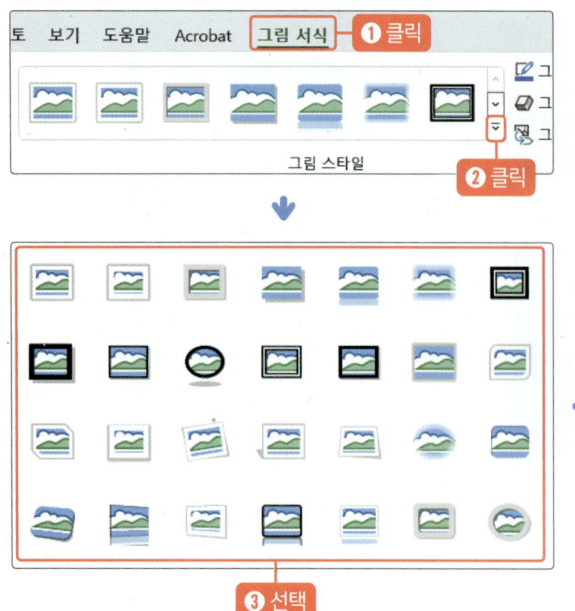

48

 작품을 완성해요

❶ 인터넷을 활용해 내가 추천하고 싶은 여행지의 사진을 넣어 완성해요.

더 멋지게 실력뿜뿜

실습파일 : 없음 **완성파일** : 여행상품개발자_연습문제(완성).xlsx

❶ 엑셀 프로그램을 실행하여 '연습문제 배경.jpg'를 시트 배경으로 삽입한 다음 눈금선을 숨겨요.
❷ 인터넷을 활용하여 여행지 그림을 붙여 넣은 후 그림에 스타일을 적용해요.

CHAPTER 08 이만큼 배웠어요

퀴즈를 풀어보면서 지금까지 배운 내용을 정리해요

1 엑셀 프로그램에서 내용을 입력하거나 그림 또는 도형 삽입 등의 작업이 이루어지는 공간은 무엇일까요?

① 워크시트　　② 슬라이드　　③ 페이지　　④ 바탕화면

2 셀 주소를 읽고 알맞은 단어를 입력해 보세요.

	A	B	C	D
1	엑	마		린
2			북	
3	셀	왕		
4				스

① [B1] :　　　　⑤ [A1] :
② [D1] :　　　　⑥ [A3] :
③ [C2] :　　　　⑦ [B3] :
④ [D4] :

3 행과 열이 만나는 칸으로, 내용을 입력할 수 있는 공간은 무엇일까요?

① 시트 탭　　② 표　　③ 박스　　④ 셀

4 라디오나 텔레비전의 프로그램을 기획하고 제작하는 일을 하는 직업은 무엇일까요?

5 우리나라 문화재의 파손된 부위를 복원하고 관리하는 일을 담당하는 직업은 무엇일까요?

 아래 작업 순서를 참고하여 워크시트를 완성해요

실습파일 : 8_연습문제.xlsx   완성파일 : 8_연습문제(완성).xlsx

작업 순서

❶ 행과 열의 너비를 변경해요.
  · D열, G열, J열의 너비 → 1   · 4행의 높이 → 120

❷ 사진이 들어갈 셀을 병합해요.
  · [B4:C4], [E4:F4], [H4:I4], [K4:L4]

❸ 완성 이미지를 참고하여 굵은 바깥쪽 테두리를 적용하고, 셀에 색상을 채워요.

❹ 지원자들의 성격과 취미를 참고하여 지원 분야를 입력해 보세요. 모집 분야는 아래와 같답니다.
  · 방송연출가   · 영화배우   · 가수   · 스타일리스트

❺ 시트 오른쪽의 사진을 알맞은 위치로 배치해요.

❻ 시트의 눈금선을 숨겨요.

시각디자이너의 포스터 작업!

학습목표

★ 워드아트를 삽입하고 효과를 적용해요.
★ 움직이는 3D 모델을 넣어요.

실습파일 시각디자이너.xlsx   완성파일 시각디자이너(완성).xlsx

완성 작품 미리보기

직업 이야기

창의 놀이터 : 아래 두 개의 포스터를 비교하여 서로 다른 부분 10곳을 찾아보세요!

1 움직이는 3D 모델을 추가해요!

① 엑셀 2021 프로그램을 실행하여 [Chapter 09_시각디자이너]-**시각디자이너.xlsx** 파일을 불러와요.

09 시각디자이너의 포스터 작업! **53**

❷ [삽입]-[일러스트레이션]-[3D 모델(📦)]을 클릭해요.

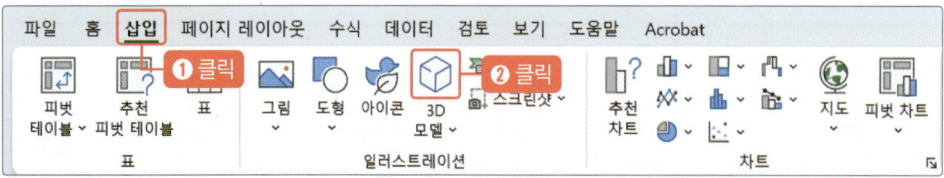

❸ [All Animated Models]를 클릭한 다음 원하는 몬스터 모양을 선택합니다.

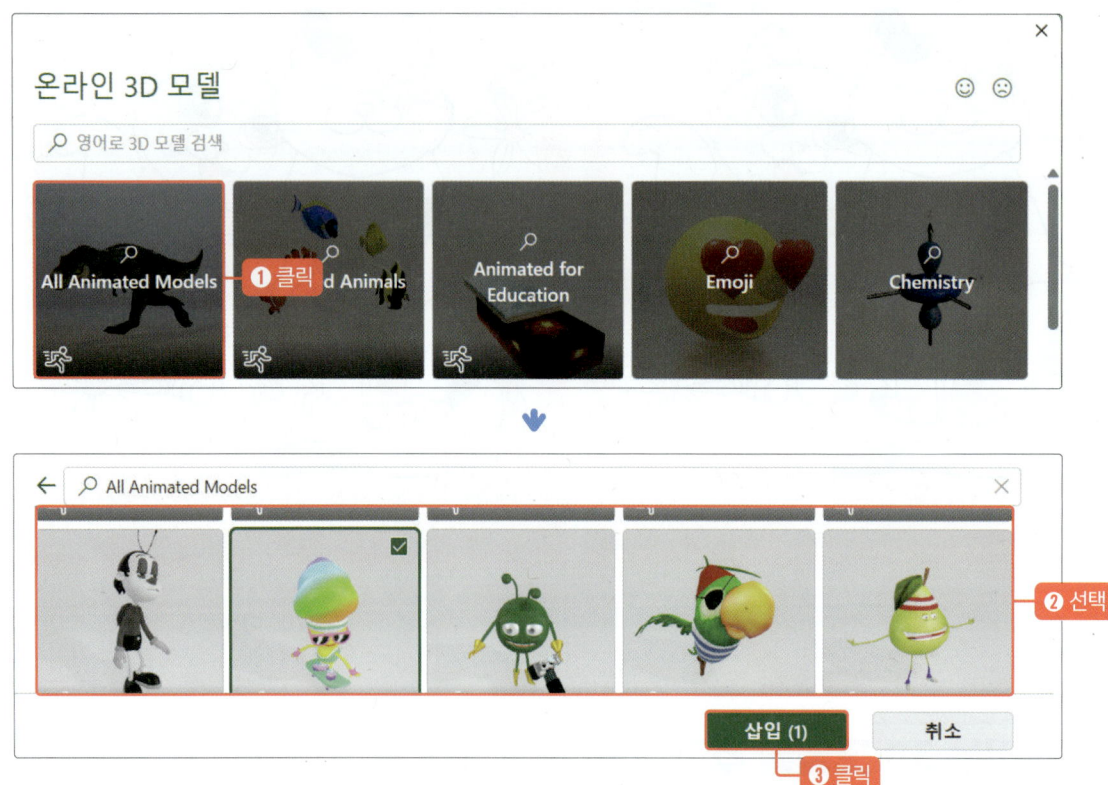

❹ 시트에 3D 모델이 삽입되면 크기와 위치, 시점 등을 조절한 다음 로고를 배치해 보세요.

2 워드아트를 삽입한 다음 효과를 적용해요!

① [삽입]-[텍스트]-[WordArt( )]에서 원하는 스타일의 워드아트를 선택한 다음 몬스터의 이름을 자유롭게 입력해 보세요.

 워드아트가 뭐예요?
워드아트는 엑셀 프로그램에서 제공하는 다양한 텍스트 스타일이에요. 쉽고 빠르게 텍스트의 색상, 윤곽선, 그림자 등을 한 번에 지정할 수 있는 유용한 기능이지요. 원하는 워드아트 스타일을 선택하여 몬스터의 이름을 멋지게 만들어주세요!

② 입력된 워드아트를 클릭한 다음 [도형 서식]-[WordArt 스타일]-[텍스트 효과] → **[변환]**에서 원하는 '모양' 또는 '휘기'를 선택해요.

09 시각디자이너의 포스터 작업! 55

❸ 변환된 워드아트의 크기를 조절한 다음 첫 번째 포스터로 위치를 이동해 볼까요?

3 글꼴 서식을 변경해요!

❶ 워드아트로 입력된 글자를 더블 클릭하여 블록으로 지정해요.

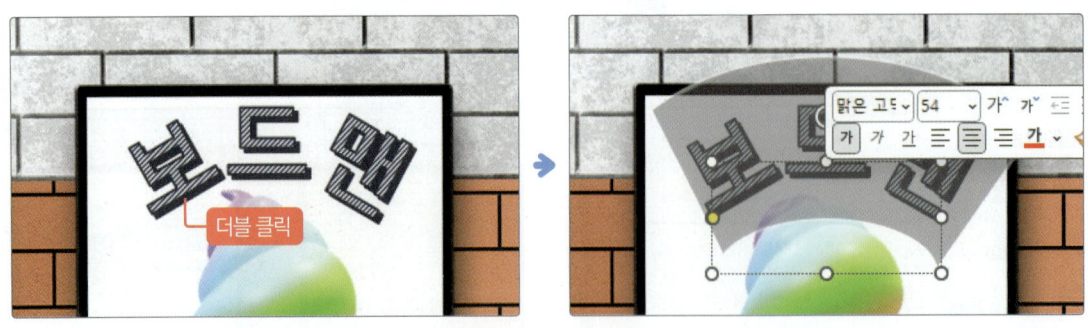

❷ [홈]-[글꼴]에서 **원하는 글꼴**을 선택해 보세요.

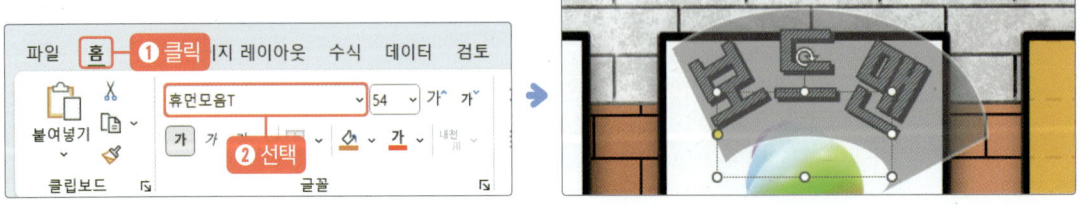

① 움직이는 3D 모델과 워드아트 기능을 이용하여 포스터를 완성해 보세요.
② 포스터에 이용된 개체들의 크기와 위치를 적당하게 조절해요.

 3D 모델의 움직임 변경하기
삽입된 3D 모델을 선택한 다음 [3D 모델]-[3D 재생]-[장면(🎬)]을 이용하면 다른 움직임을 적용할 수 있어요.

더 멋지게 실력 뿜뿜

실습파일 : 시각디자이너_연습문제.xlsx   **완성파일** : 시각디자이너_연습문제(완성).xlsx

① 원하는 시트의 포스터를 선택해요.
② 워드아트 기능을 이용하여 신메뉴 홍보 포스터를 완성해 보세요.
③ 텍스트 효과를 이용하여 워드아트를 꾸며요.

CHAPTER 10

동물사육사의 미션!

학습목표

★ 시트 탭의 색상을 변경해요.
★ 복사와 잘라내기 기능을 이용하여 그림을 다른 시트로 이동시켜요.

실습파일 동물사육사.xlsx 　　완성파일 동물사육사(완성).xlsx

완성 작품 미리보기

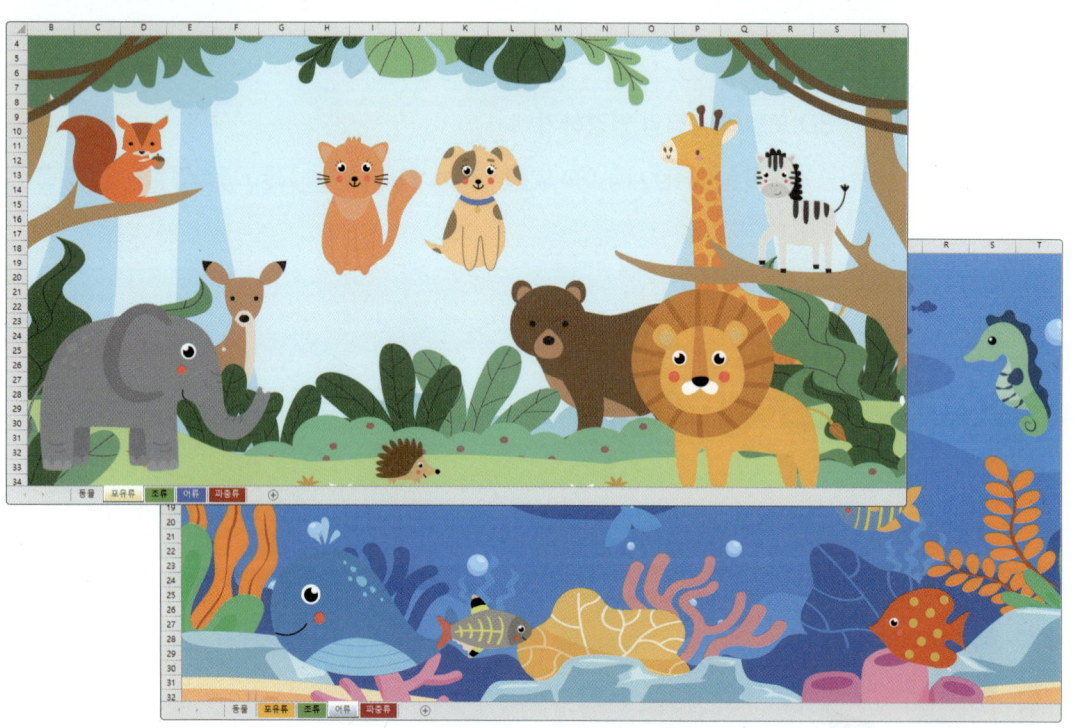

직업 이야기

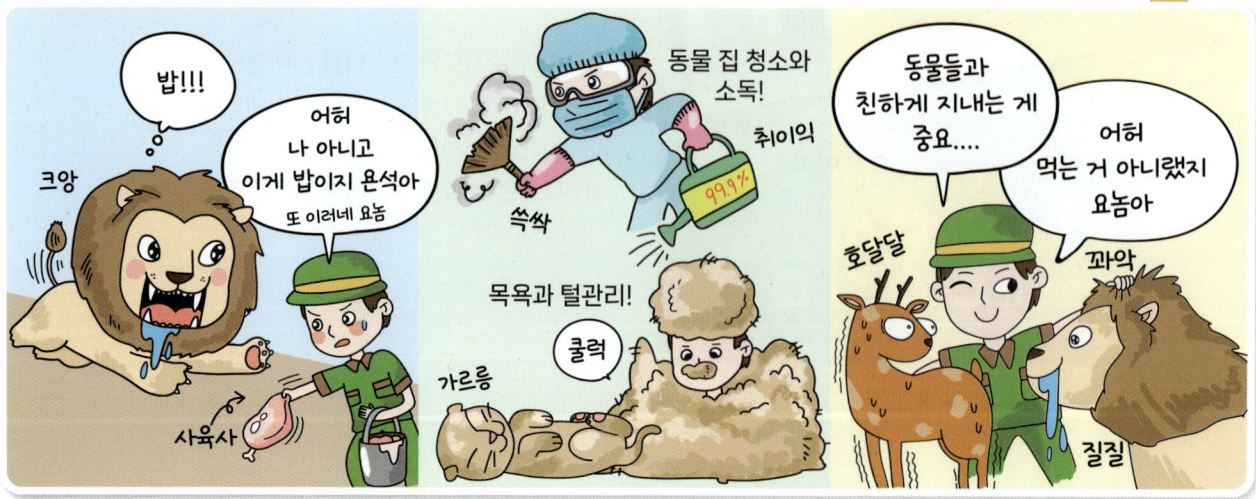

창의 놀이터 : 아래 클립아트를 보고 퍼즐 빈칸에 들어갈 단어를 적어보세요!

1 시트 탭의 색상을 변경해요!

❶ 엑셀 2021 프로그램을 실행하여 [Chapter 10_동물사육사]-**동물사육사.xlsx** 파일을 불러와요.

❷ 아래 그림과 같은 순서대로 시트 이름을 바꿔보세요.

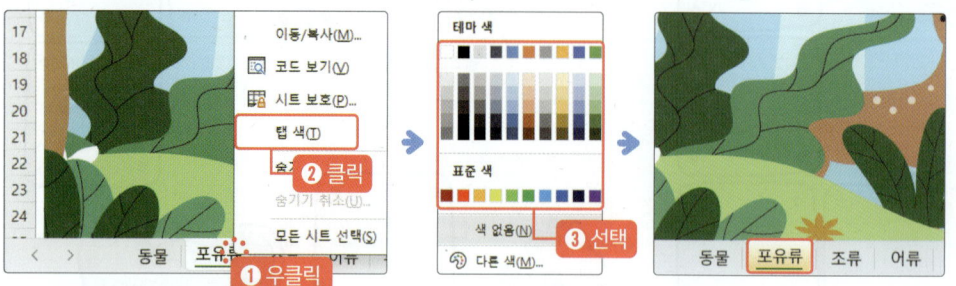

❸ 이번에는 시트 탭의 색상을 변경해 보겠습니다. **[포유류]** 시트 위에서 마우스 오른쪽 버튼을 눌러 **[탭 색]**을 클릭한 다음 원하는 색상을 선택해요.

❹ 똑같은 방법으로 각 시트 탭의 색상을 변경해 보세요.

 팁 선택한 색상으로 시트 탭의 색이 바뀌지 않았어요!

시트 탭이 선택된 상태에서는 변경된 색상을 확인하기가 어려워요. 탭 색을 변경한 다음 주변의 다른 시트 탭을 클릭하여 색상이 반영되었는지 확인해 보세요.

❺ [포유류], [조류], [어류], [파충류] 시트를 선택하여 동물들의 서식지를 살펴보세요.

▲ [포유류] 시트

▲ [조류] 시트

▲ [어류] 시트

▲ [파충류] 시트

개체를 복사하여 다른 시트에 붙여넣어요!

❶ **[동물]** 시트에서 **코끼리** 그림을 선택한 다음 Ctrl+C를 눌러 개체를 복사해요.

❷ **[포유류]** 시트에서 임의의 셀을 선택한 다음 Ctrl+V를 눌러 붙여 넣고 크기와 위치를 적당하게 조절해요.

 팁 임의의 셀을 왜 선택해야 할까요?

엑셀 프로그램에서는 선택된 셀을 기준으로 그림이 들어가기 때문이에요.

❸ 이번에는 [동물] 시트에서 닭 그림을 선택한 다음 Ctrl+X를 눌러 개체를 잘라내기 해요.

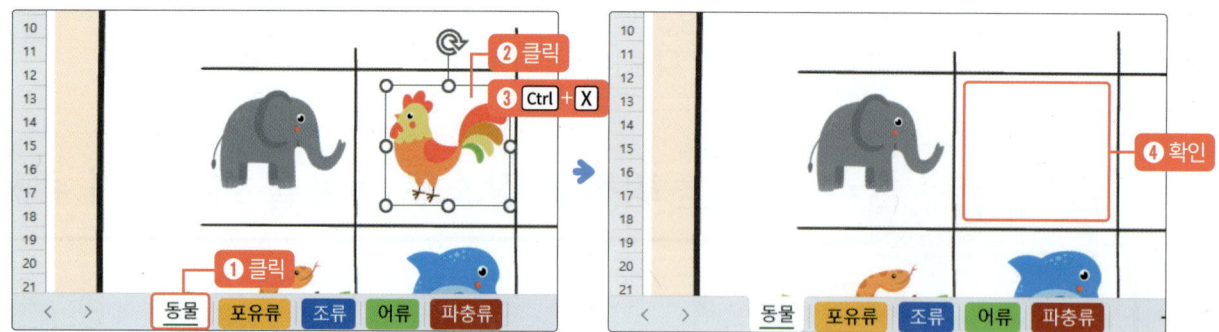

 한 번에 여러 개의 그림을 선택하기!
Shift를 누른 채 그림을 선택하면 여러 개의 그림을 한 번에 선택할 수 있어요.

❹ [조류] 시트에서 임의의 셀을 선택한 다음 Ctrl+V를 눌러 붙여 넣고 크기와 위치를 적당하게 조절해요.

 복사와 잘라내기의 차이를 알아보아요!
[동물] 시트로 돌아가 보세요. '복사' 기능을 이용했던 코끼리 그림은 그대로 보존이 되고, '잘라내기' 기능을 이용한 닭 그림은 없어진 것을 확인할 수 있을 거예요. 그림을 계속 활용하고 싶을 때는 '복사', 단순하게 이동만 원한다면 '잘라내기' 기능을 사용하면 좋겠죠?

 작품을 완성해요 >>>

❶ 복사 또는 잘라내기 기능을 이용하여 각 시트 서식지에 알맞게 동물들을 이동시켜 주세요.

더 멋지게 실력뿜뿜

실습파일 : 동물사육사_연습문제.xlsx   **완성파일** : 동물사육사_연습문제(완성).xlsx

<에도쿠 게임 규칙>

1. 표의 가로 줄에 똑같은 그림을 배치하지 않아요.
2. 표의 세로 줄에 똑같은 그림을 배치하지 않아요.
3. 빈 칸에 들어갈 그림을 채워요.

❶ [퍼즐모음] 시트에서 각 단계의 조각을 잘라내기하여 알맞은 위치에 붙여 넣어요.
❷ 시트 탭의 색상을 자유롭게 변경해 보아요.

10 동물사육사의 미션!

CHAPTER 11

제과제빵사의 추천 디저트

학습목표

★ 다양한 색상으로 셀을 채울 수 있어요.
★ 셀을 그림으로 복사하는 기능을 배워요.

실습파일 제과제빵사.xlsx   완성파일 제과제빵사(완성).xlsx

완성 작품 미리보기

직업 이야기

창의 놀이터 : 디저트 위에 자유롭게 그림을 그려보세요. 윤곽선과 표정을 추가한다면 귀여운 캐릭터가 만들어질 거예요!

예시

1 픽셀 아트를 완성해요!

❶ 엑셀 2021 프로그램을 실행하여 [Chapter 11_제과제빵사]-**제과제빵사.xlsx** 파일을 불러와요.

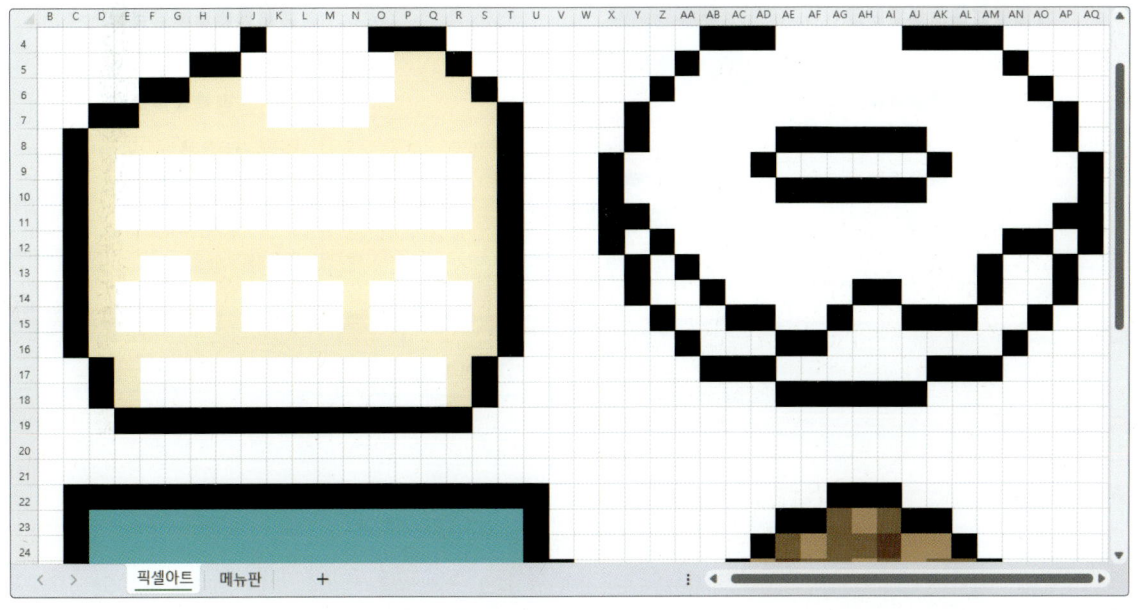

❷ **[픽셀아트]** 시트에서 '케이크'와 '도넛' 디저트를 만들어 보아요. 아래 그림을 참고하여 자유롭게 색상을 채워 볼까요?

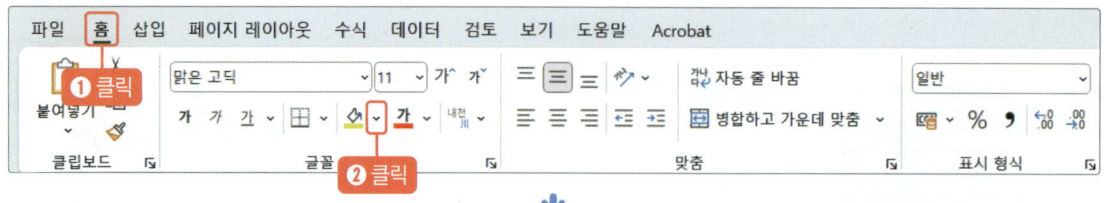

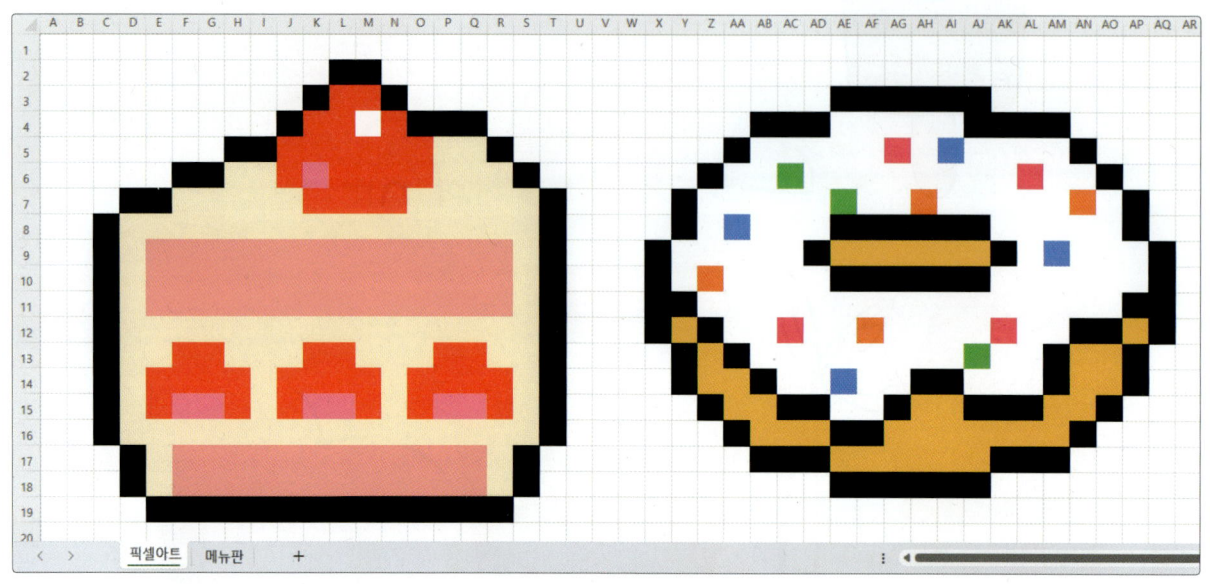

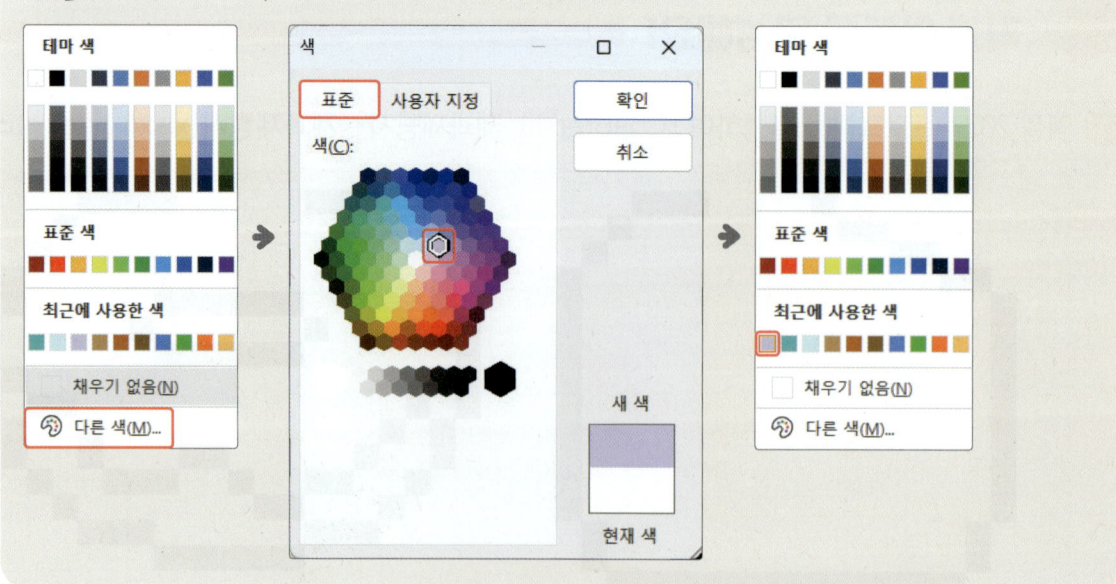

팁 **다양한 색상을 찾아볼까요?**

색상 팔레트에서 [다른 색]을 클릭하면 [표준] 탭에서 더 많은 색상을 선택할 수 있어요. 선택한 색상은 '최근에 사용한 색' 팔레트에 추가되어 계속 사용이 가능해요.

2 셀을 그림으로 저장해요!

① [보기]-[표시] → **[눈금선]** 항목의 체크를 해제해요.

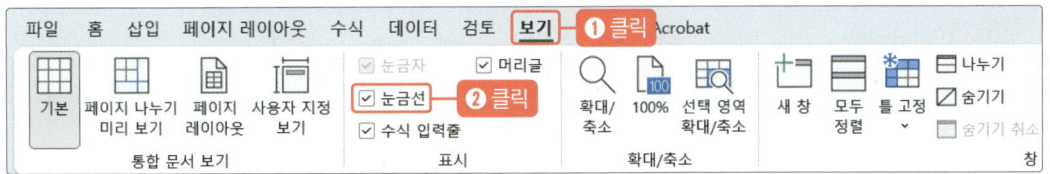

② 조각 케이크가 있는 **[C2]** 셀부터 **[T19]** 셀을 범위로 지정해요.

③ [홈]-[클립보드]-[복사] → **[그림으로 복사]**를 클릭한 후 '모양'과 '형식'을 확인한 다음 <확인>을 클릭해요.

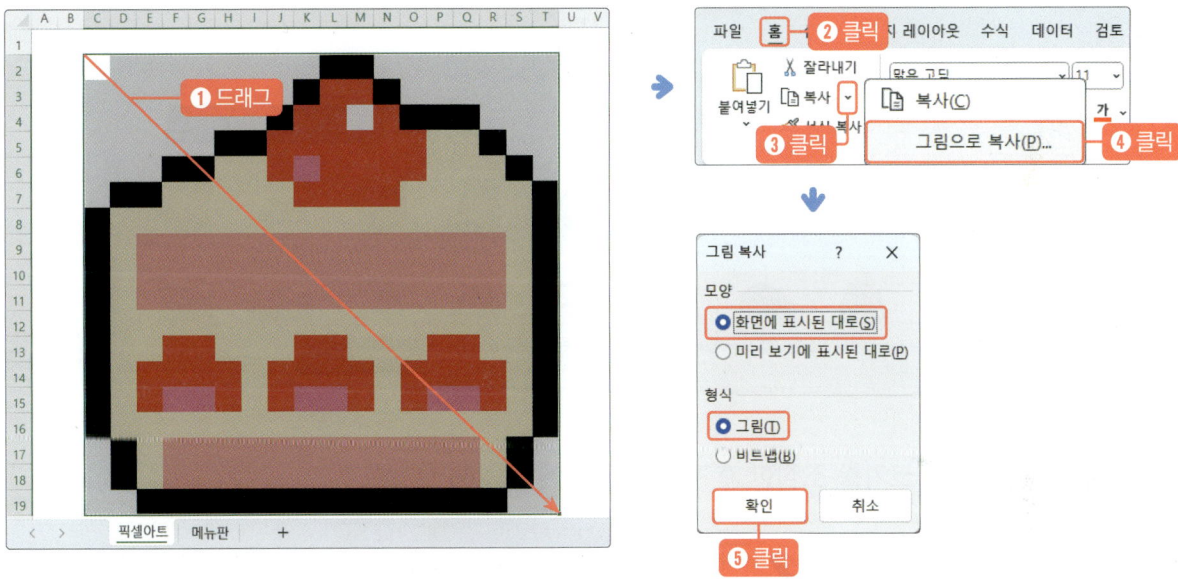

④ **[메뉴판]** 시트에서 임의의 셀을 선택한 다음 Ctrl+V를 눌러보세요. 픽셀 아트가 그림으로 삽입되면 크기와 위치를 적당하게 조절해요.

3 귀여운 스티커를 추가해요!

❶ [삽입]-[일러스트레이션]-[아이콘( )]을 클릭해요.

❷ [스티커] 탭에서 원하는 그림을 선택한 다음 <삽입>을 클릭해요.

❸ 스티커가 추가되면 크기를 조절한 후 원하는 위치에 배치해 보세요.

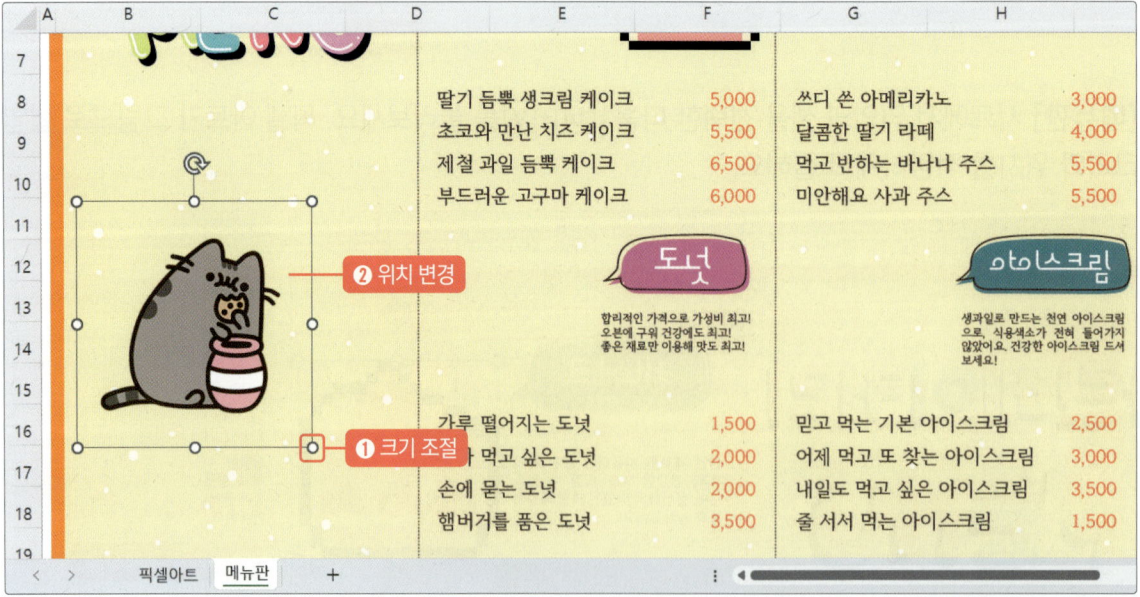

① 64p를 참고하여 '도넛, 음료, 아이스크림' 픽셀아트도 동일한 방법으로 작업해 보세요.
② 스티커를 추가해 메뉴판을 예쁘게 완성해 보세요.

실습파일 : 제과제빵사_연습문제.xlsx   **완성파일** : 제과제빵사_연습문제(완성).xlsx

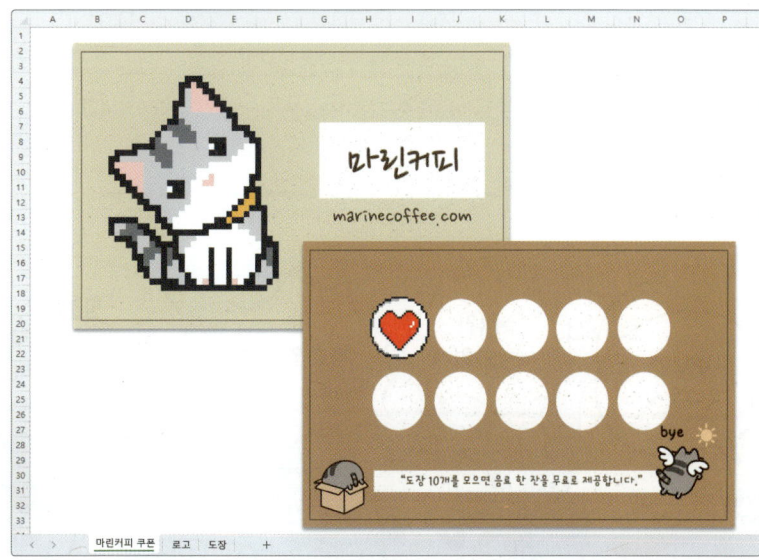

① 각 시트의 '눈금선'을 해제한 다음 그림으로 복사 기능을 이용하여 [마린커피 쿠폰] 시트에 붙여 넣어요.
② 스티커를 추가해 쿠폰을 꾸며보세요.

11 제과제빵사의 추천 디저트

해바라기 반 유치원교사

- ★ 셀을 복사한 다음 내용을 입력해요.
- ★ 셀에 메모를 추가해요.

실습파일 유치원교사.xlsx   완성파일 유치원교사(완성).xlsx

완성 작품 미리보기

직업 이야기

창의 놀이터 : 우산과 앞치마 그림의 반대편 모양을 예쁘게 그려 완성해 보세요!

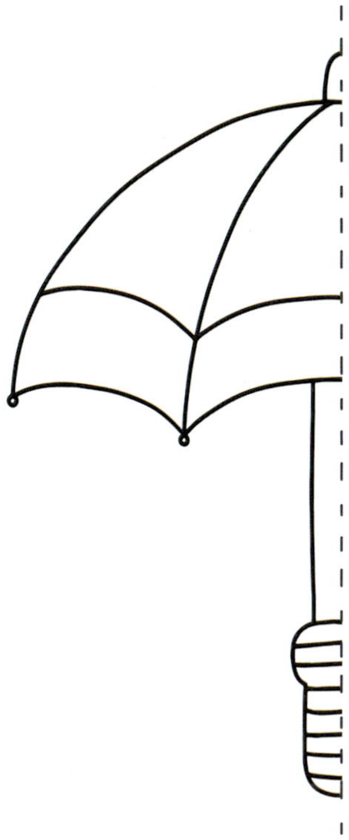

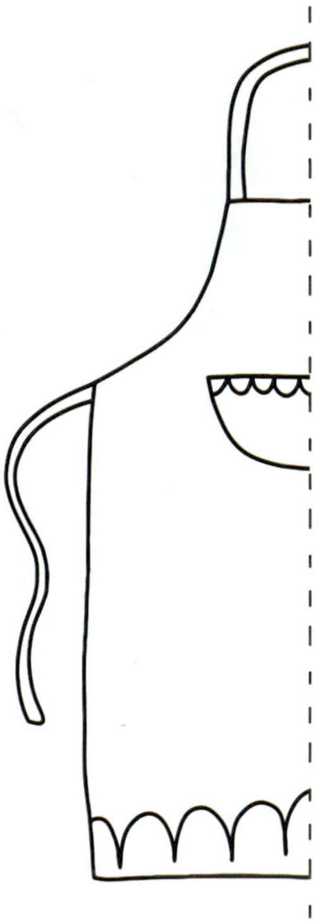

1 캐릭터를 완성해요!

① 엑셀 2021 프로그램을 실행하여 [Chapter 12_유치원교사]-**유치원교사.xlsx** 파일을 불러와요.

❷ 마린 유치원 친구들에게 어울리는 옷과 아이템으로 캐릭터를 완성해주세요.

❸ 사용하지 않은 아이템은 클릭 후 Delete 를 눌러 삭제해요.

2 셀을 복사한 다음 내용을 입력해요!

❶ 원아증의 기본 내용이 입력된 [B21] 셀부터 [D24] 셀을 범위로 지정해요.

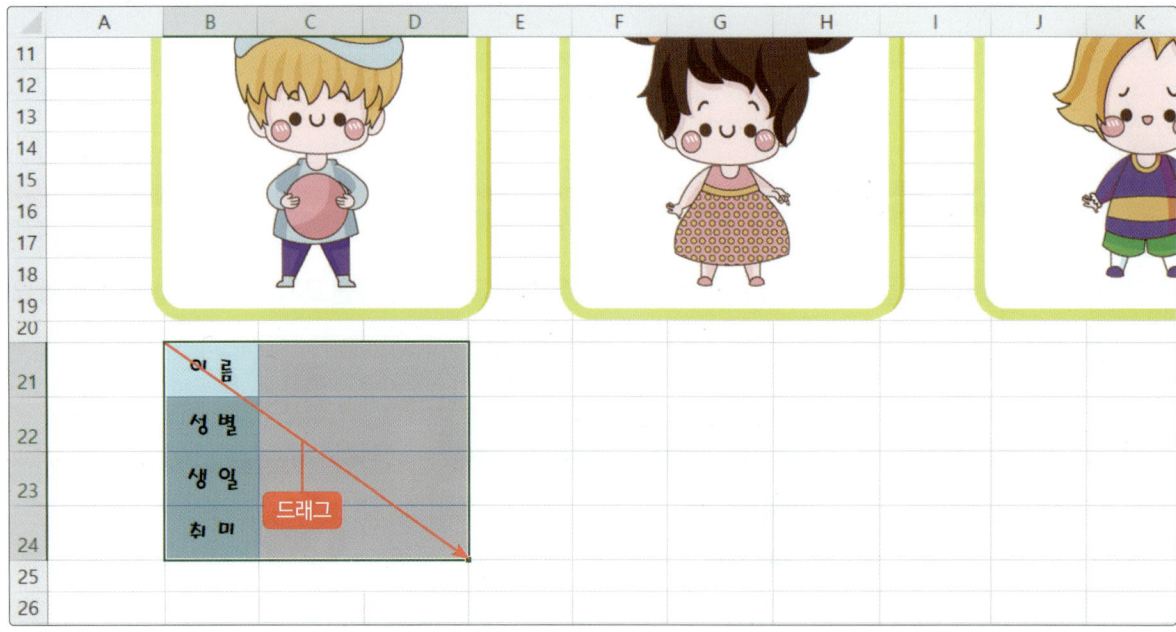

❷ Ctrl + C 를 눌러 선택된 셀을 복사해요.

❸ [F21] 셀을 선택한 다음 Ctrl + V 를 눌러 붙여넣어요.

❹ 똑같은 방법으로 [J21], [N21], [R21] 셀에 각각 붙여넣어요.

❺ 아래 그림을 참고하여 원아증에 들어갈 내용을 자유롭게 입력해 보세요.

이 름	코코
성 별	남
생 일	7월 14일
취 미	노래하기

이 름	박나래
성 별	여
생 일	9월 13일
취 미	요리하기

이 름	기안
성 별	남
생 일	12월 3일
취 미	그림 그리기

이 름	전현무
성 별	남
생 일	3월 20일
취 미	공부하기

이 름	장도연
성 별	여
생 일	5월 5일
취 미	독서하기

셀에 메모를 삽입하여 특이사항을 표시해요!

❶ [G21:H21] 셀 위에서 마우스 오른쪽 버튼을 눌러 [메모 삽입]을 클릭해요.

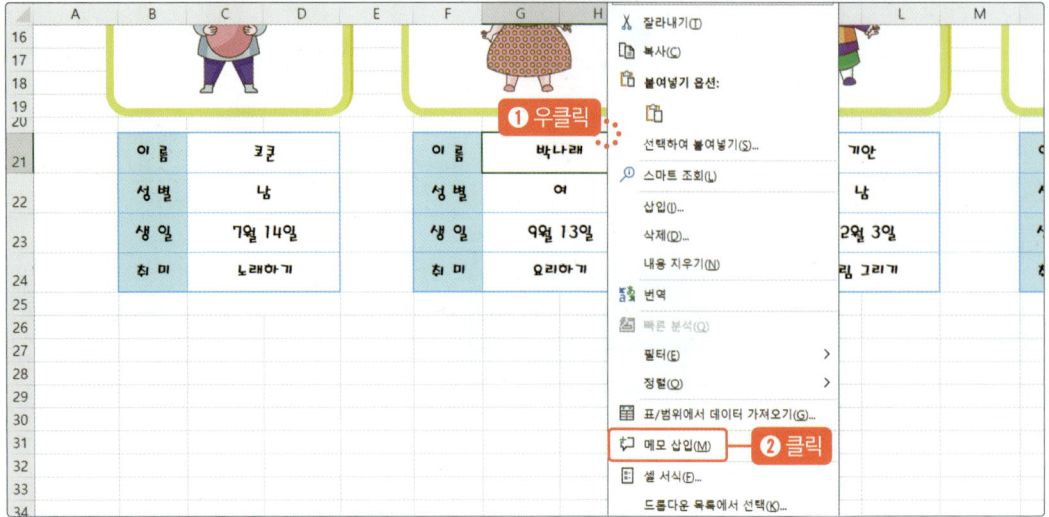

❷ 해당 셀에 메모가 삽입되면 모든 글자를 지운 다음 새롭게 내용을 입력해요.

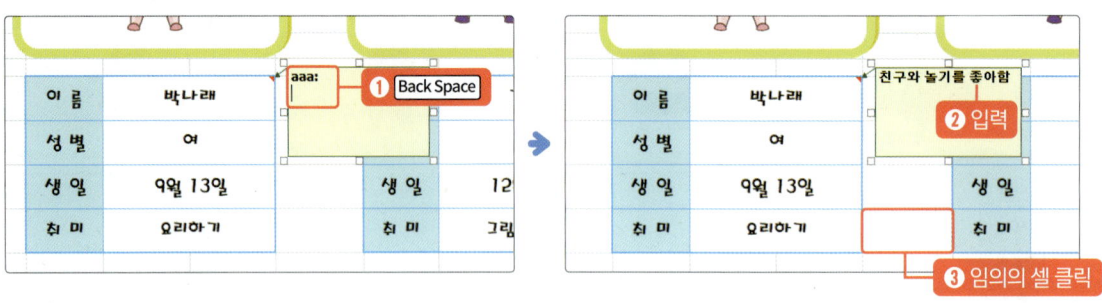

❸ 메모가 입력된 셀은 우측 모서리에 **빨간색 삼각형**이 표시되며, 셀 위에 마우스 포인터를 올리면 입력했던 메모를 확인할 수 있어요.

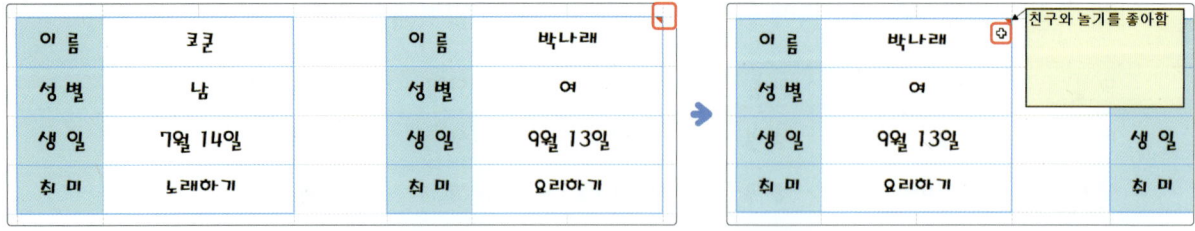

팁 메모를 수정하거나 삭제해요!

메모가 입력된 셀 위에서 마우스 오른쪽 버튼을 눌러 [메모 편집] 또는 [메모 삭제]를 클릭해요.

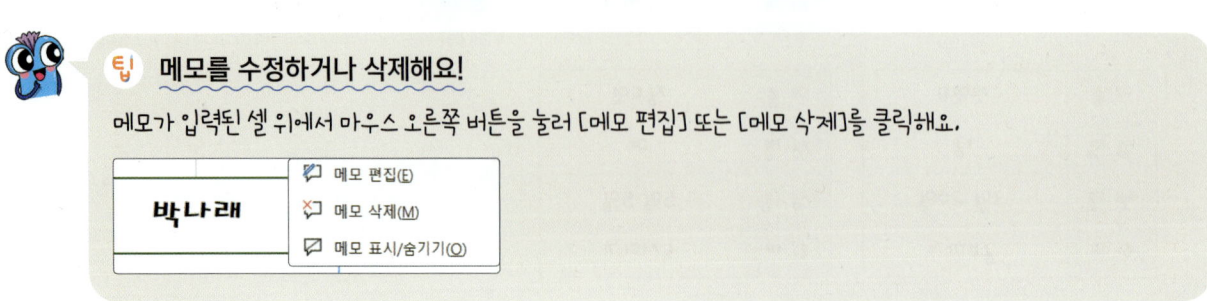

❶ 메모 삽입 기능을 이용하여 마린 유치원 친구들의 특이사항을 자유롭게 적어보세요.

더 멋지게 실력 뿜뿜

실습파일 : 유치원교사_연습문제.xlsx   **완성파일** : 유치원교사_연습문제(완성).xlsx

❶ [B3:F14] 셀을 복사한 다음 위 그림을 참고하여 알맞은 위치에 붙여 넣어요.
❷ 셀 주변의 캐릭터를 병합된 셀로 이동시켜요.
❸ 내용을 자유롭게 입력해 보세요.
❹ 병합된 [C4:E8], [I4:K8], [O4:Q8] 셀에 메모를 이용하여 인물의 특징을 적어보세요.

인테리어디자이너의 실내 장식

 목표

★ 컴퓨터에 저장된 그림을 삽입해요.
★ 자르기 기능을 이용하여 그림에서 필요한 부분만 잘라내요.

실습파일 인테리어디자이너.xlsx 완성파일 인테리어디자이너(완성).xlsx

완성 작품 미리보기

직업 이야기

창의 놀이터 : 아래 인테리어 소품과 관련된 그림이 있어요. 단어 카드를 참고해 알맞은 이름을 적어 보세요!

1 그림을 삽입한 다음 배치 순서를 바꿔요!

① 엑셀 2021 프로그램을 실행하여 [Chapter 13_인테리어디자이너]-**인테리어디자이너.xlsx** 파일을 불러와요.

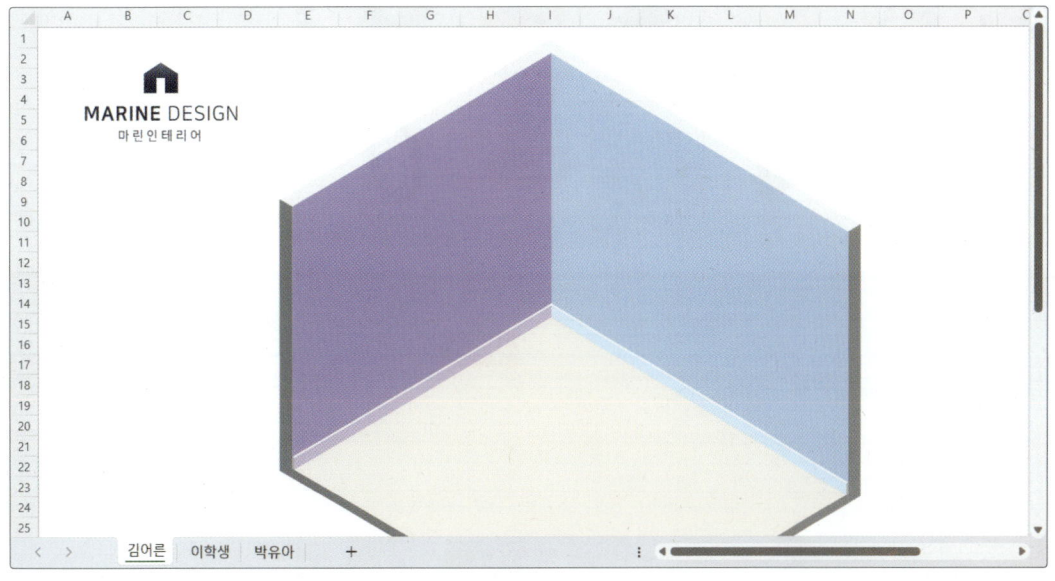

❷ 마린인테리어를 찾은 손님들이 어떤 디자인을 원하는지 먼저 살펴볼까요?

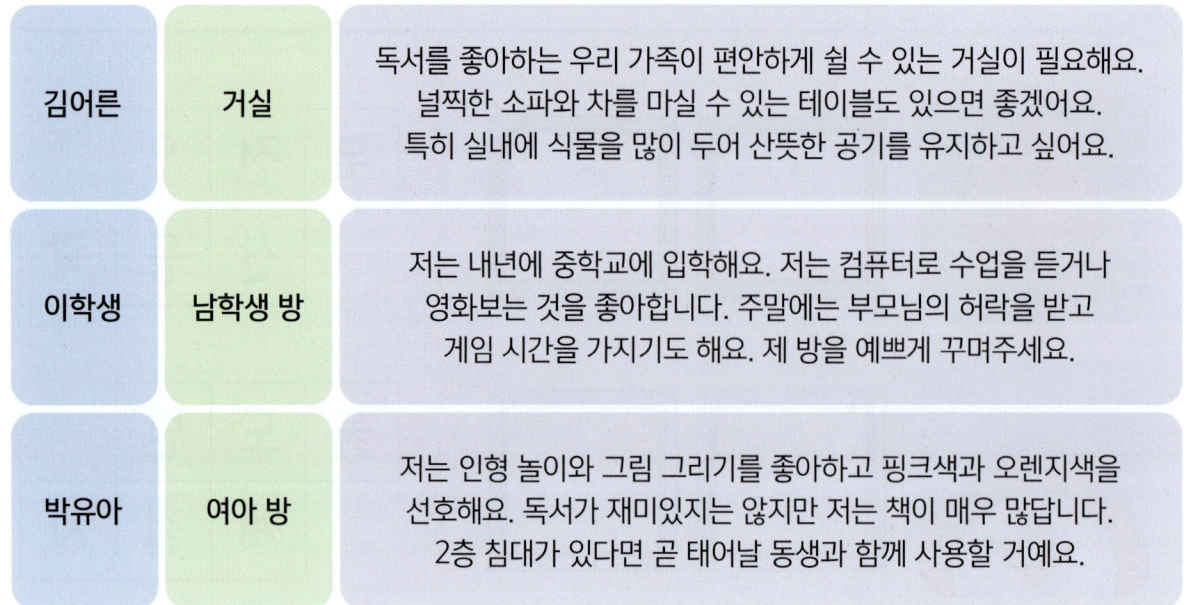

김어른	거실	독서를 좋아하는 우리 가족이 편안하게 쉴 수 있는 거실이 필요해요. 널찍한 소파와 차를 마실 수 있는 테이블도 있으면 좋겠어요. 특히 실내에 식물을 많이 두어 산뜻한 공기를 유지하고 싶어요.
이학생	남학생 방	저는 내년에 중학교에 입학해요. 저는 컴퓨터로 수업을 듣거나 영화보는 것을 좋아합니다. 주말에는 부모님의 허락을 받고 게임 시간을 가지기도 해요. 제 방을 예쁘게 꾸며주세요.
박유아	여아 방	저는 인형 놀이와 그림 그리기를 좋아하고 핑크색과 오렌지색을 선호해요. 독서가 재미있지는 않지만 저는 책이 매우 많답니다. 2층 침대가 있다면 곧 태어날 동생과 함께 사용할 거예요.

❸ **[김어른]** 시트에서 [삽입]-[일러스트레이션]-[그림( )] → **[이 디바이스]**를 클릭해요.

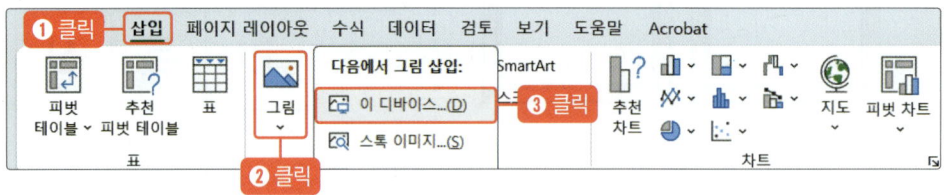

❹ [불러올 파일]-[Chapter 13_인테리어디자이너]-[가구] 폴더에서 **가구-8.png** 파일을 선택하고 <삽입>을 클릭해요.

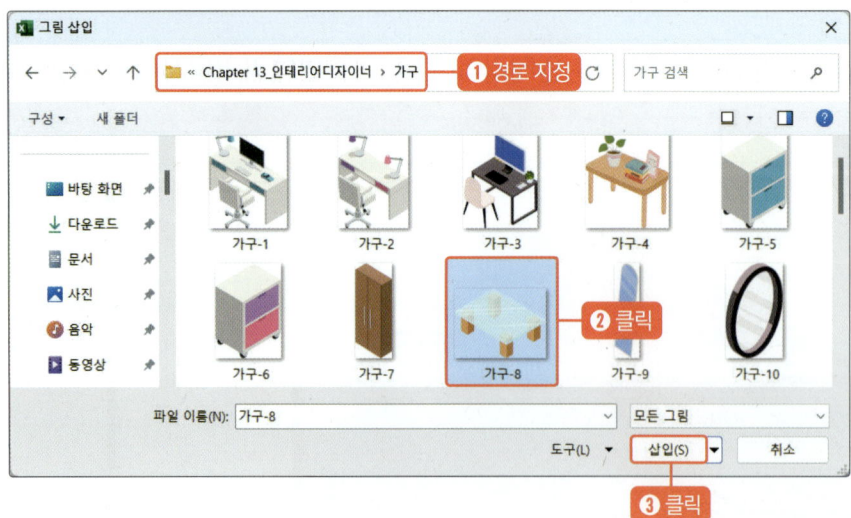

그림 미리보기

[그림 삽입] 대화상자에서 그림을 미리 확인하기 위해서는 보기의 옵션을 [큰 아이콘]으로 선택합니다.

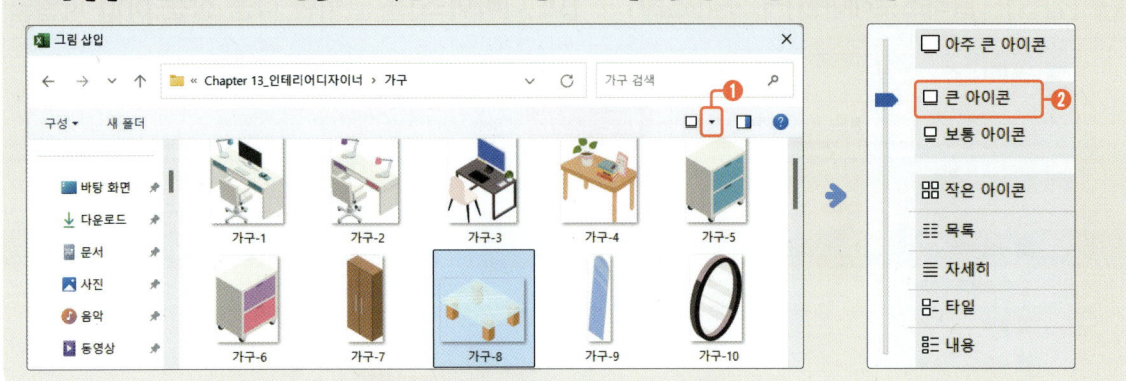

⑤ 삽입된 그림의 크기와 위치를 적당하게 조절해요.

⑥ 이번에는 [불러올 파일]-[Chapter 13_인테리어디자이너]-**[바닥]** 폴더에서 원하는 장식을 삽입해 볼까요?

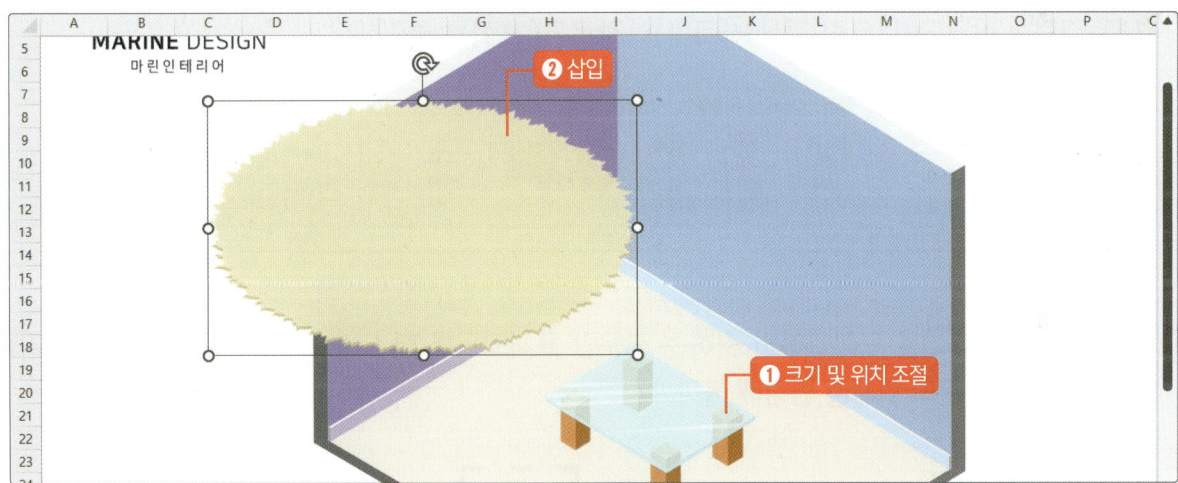

⑦ 바닥 장식의 크기와 위치를 아래 그림과 같이 조절해요. 바닥 장식 위에서 마우스 오른쪽 버튼을 눌러 **[맨 뒤로 보내기]**를 클릭하면 그림의 배치 순서를 변경할 수 있어요.

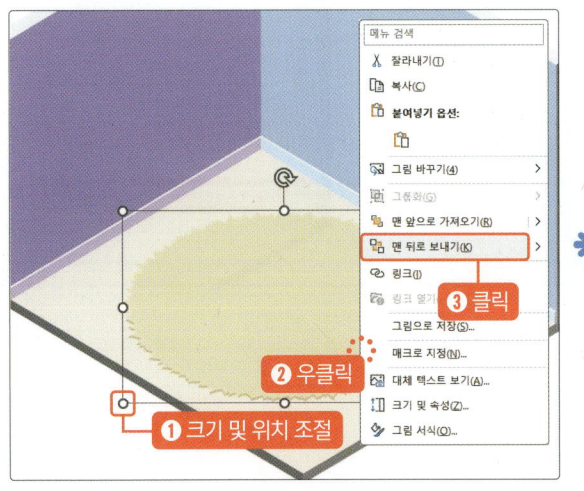
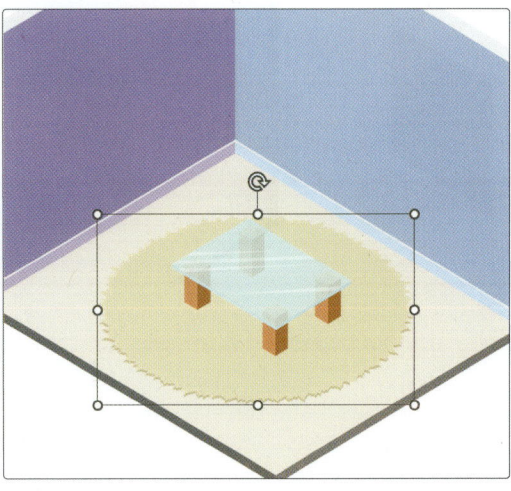

필요한 그림만 잘라내요!

❶ [삽입]-[일러스트레이션]-[그림(🖼)] → **[이 디바이스]**를 클릭한 다음 **창문.png** 파일을 삽입해요.

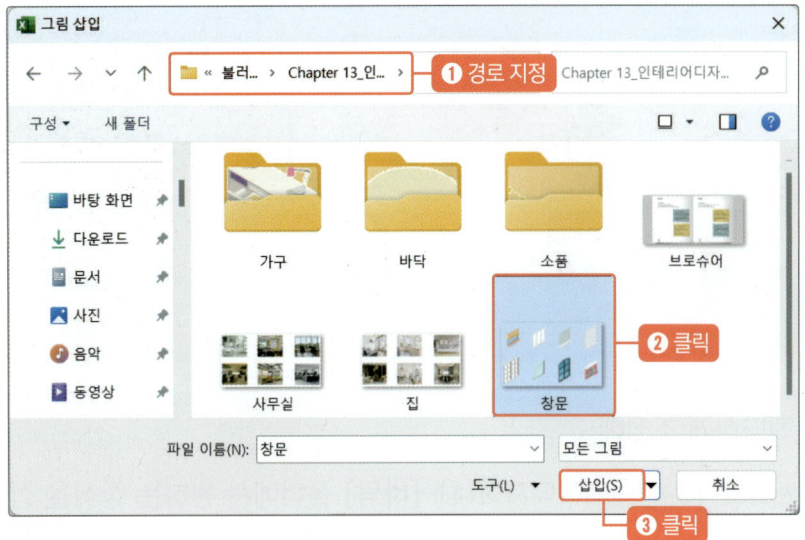

❷ 창문 그림이 삽입되면 [그림 서식]-[크기]-**[자르기(⌞⌝)]**를 클릭해요.

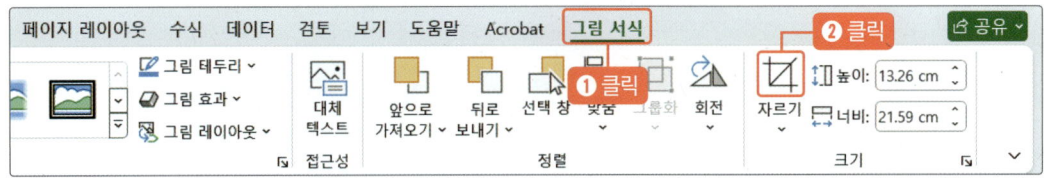

❸ 자르기 조절점(⌞)을 드래그하여 원하는 창문만 표시되도록 한 다음 Esc 를 눌러 그림 자르기를 종료해요. 이제 창문의 위치를 변경해 볼까요?

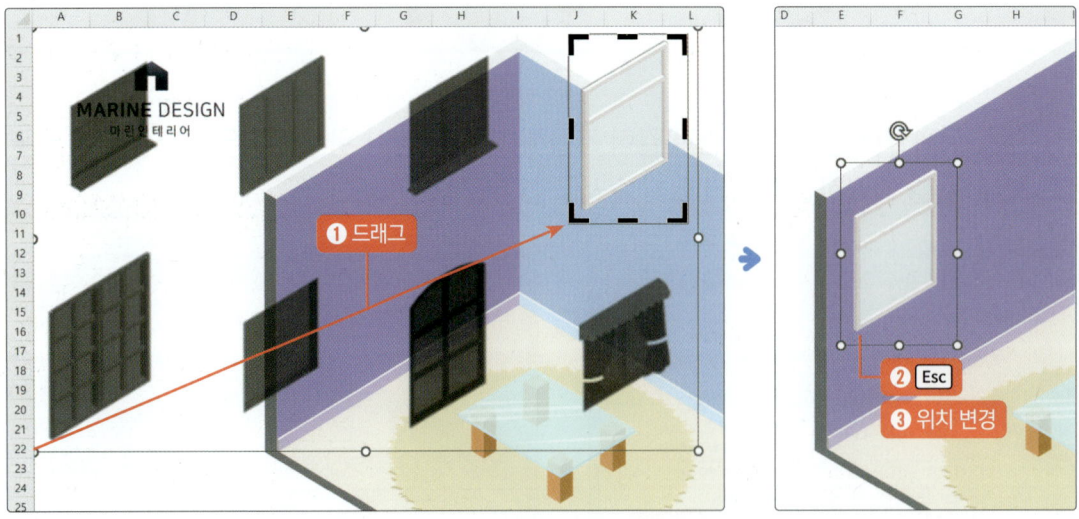

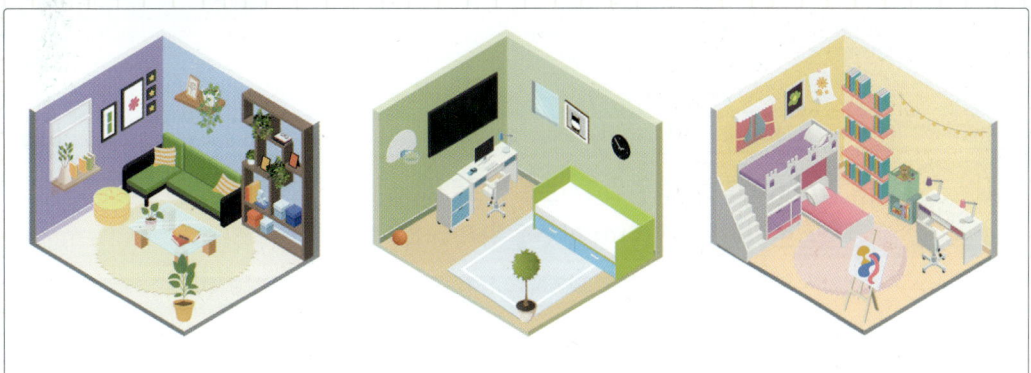

① 78 페이지 2번의 의뢰 내용에 따라 각 시트의 방을 예쁘게 꾸며주세요.

 좌우대칭 하는 방법
왼쪽 벽 장식을 오른쪽 벽에 붙이고 싶다면 해당 그림을 선택한 후 [그림 서식]-[정렬]-[회전(⟲)] → [좌우 대칭(▲)]을 클릭해요.

실습파일 : 없음   완성파일 : 인테리어디자이너_연습문제(완성).xlsx

① 엑셀 프로그램을 실행한 다음 '브로슈어.png' 그림을 삽입하고 크기와 위치를 적당하게 조절해요.
② '집.png', '사무실.png' 그림을 삽입한 다음 자르기 기능을 이용하여 설명에 알맞은 그림만 잘라서 배치해요.
③ 잘라낸 그림에 원하는 그림 스타일을 적용해 보세요.

13 인테리어디자이너의 실내 장식

만화가의 시나리오

학습목표

★ 하이퍼링크 기능으로 워크시트를 연결해요.
★ 텍스트 상자를 삽입하여 만화를 완성해요.

실습파일 만화가.xlsx   완성파일 만화가(완성).xlsx

완성 작품 미리보기

직업 이야기

창의 놀이터 : 캐릭터의 표정을 그려넣고 대화를 적어서 만화의 한 장면을 만들어 보세요!

1 그림에 하이퍼링크를 삽입해요!

1. 엑셀 2021 프로그램을 실행하여 [Chapter 14_만화가]-**만화가.xlsx** 파일을 불러와요.

14 만화가의 시나리오　83

❷ 만화를 만들기 전에 간단하게 시나리오를 작성해 볼까요?

제목	나도 고등학생
장르	일상
시나리오	초등학교, 중학교를 졸업하고 고등학생이 되면 무엇이 달라질까? 빨리 어른이 되고 싶은 아이들의 꿈과 희망을 재미난 이야기로 그려본다.

주인공	사진	이름	캐릭터 성격

❸ '다음 장면으로' 그림을 클릭했을 때 다른 시트로 이동시키기 위해 하이퍼링크를 삽입할 거예요.

❹ [1페이지] 시트의 **다음 장면으로** 그림 위에서 마우스 오른쪽 버튼을 눌러 [링크]를 클릭해요.

84

팁 링크는 어떤 기능일까요?

링크란 특정 부분을 클릭했을 때 다른 시트로 한 번에 이동할 수 있는 기능을 말하며, 하이퍼링크 라고도 해요. 특정 셀을 지정하면 해당 셀로도 이동이 가능하답니다. 링크 기능은 현재 사용 중인 문서나 전혀 다른 문서에도 적용시킬 수 있으며, 인터넷 사이트로도 이동이 가능해요!

❺ 아래와 같이 연결 위치를 지정한 다음 <확인>을 클릭해요. '다음 장면으로' 그림을 클릭했을 때 [2페이지] 시트로 이동하도록 하이퍼링크를 지정했어요.

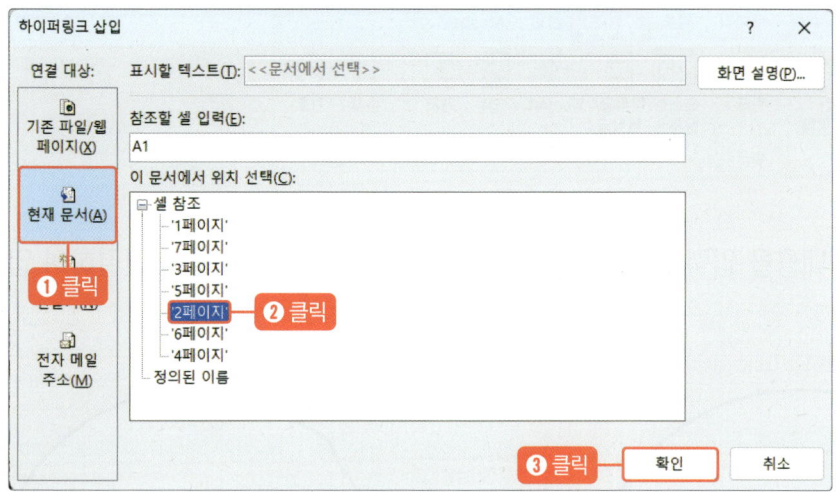

❻ Esc를 눌러 그림 선택을 해제해 주세요.

❼ 하이퍼링크가 적용된 **다음 장면으로** 그림을 클릭하여 **[2페이지]** 시트로 이동하는 것을 확인해요.

 팁 링크가 적용된 그림 확인하기!

링크(하이퍼링크)가 삽입된 개체에 마우스 포인터를 올리면 🖑 모양으로 표시돼요.

❽ 똑같은 방법을 이용하여 다음 페이지(예:2페이지 → 3페이지)로 이동할 수 있도록 하이퍼링크를 삽입해 보세요. **[7페이지]** 시트의 **처음으로 돌아가기** 그림은 **[1페이지]** 시트로 연결시켜 주세요.

2 텍스트 상자를 넘어 내용을 입력해요!

❶ **[3페이지]** 시트를 선택한 다음 [삽입]-[텍스트]-[가로 텍스트 상자 그리기(가)]를 클릭해요.

❷ 말풍선을 클릭하여 원하는 내용을 입력해 보세요. Enter 를 누르면 아랫줄에 내용을 연결하여 입력할 수 있어요.

 작품을 완성해요

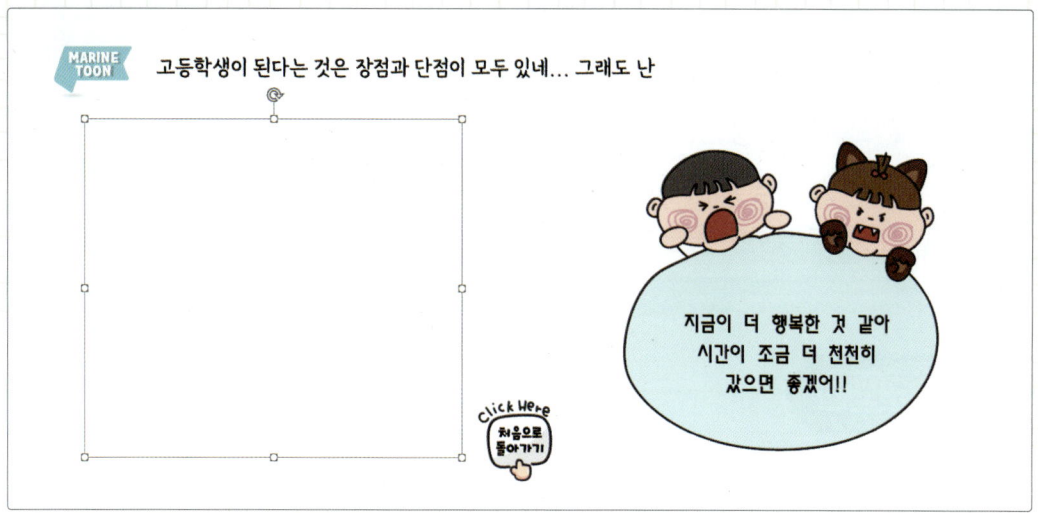

① 가로 텍스트 상자 그리기를 이용하여 각 시트의 말풍선에 원하는 내용을 입력해 보세요.
② [7페이지] 시트에 도형을 삽입하여 사용하지 않은 말풍선을 숨길 수 있어요.

더 멋지게 실력 뿜뿜

실습파일 : 만화가_연습문제.xlsx   완성파일 : 만화가_연습문제(완성).xlsx

① [웹툰작가소개] 시트 그림에 링크를 삽입하여 알맞은 시트로 연결해 보세요.
② 가로 텍스트 상자 그리기를 이용해 각 시트에 웹툰 작가의 이름을 적어보세요.
③ 이번에 소개된 웹툰은 전체 연령 이용이 가능해요. 네이버에서 웹툰 제목을 검색하여 확인해 보세요.

CHAPTER 15
언어의 마술사 통역가

학습목표
★ 인터넷을 활용하여 여러 나라의 인사말을 번역해요.
★ 인터넷에서 찾은 데이터를 복사하여 엑셀 파일에 붙여 넣어요.

실습파일 통역가.xlsx　　완성파일 통역가(완성).xlsx

완성 작품 미리보기

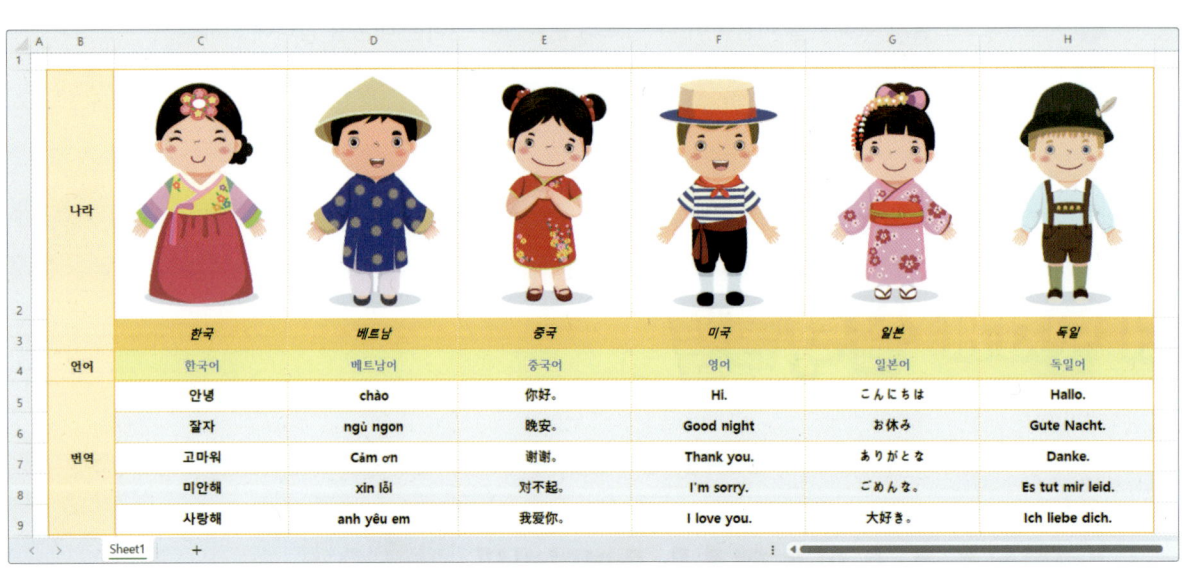

직업 이야기

우리말을 외국어로, 외국어를 우리말로 번역 전달하는 **통역가!**

창의 놀이터 : 통역가로 시작하는 단어를 이용해 끝말잇기를 해보세요!

1 각 나라 셀에 알맞은 그림을 배치해요!

① 엑셀 2021 프로그램을 실행하여 [Chapter 15_통역가]-**통역가.xlsx** 파일을 불러와요.

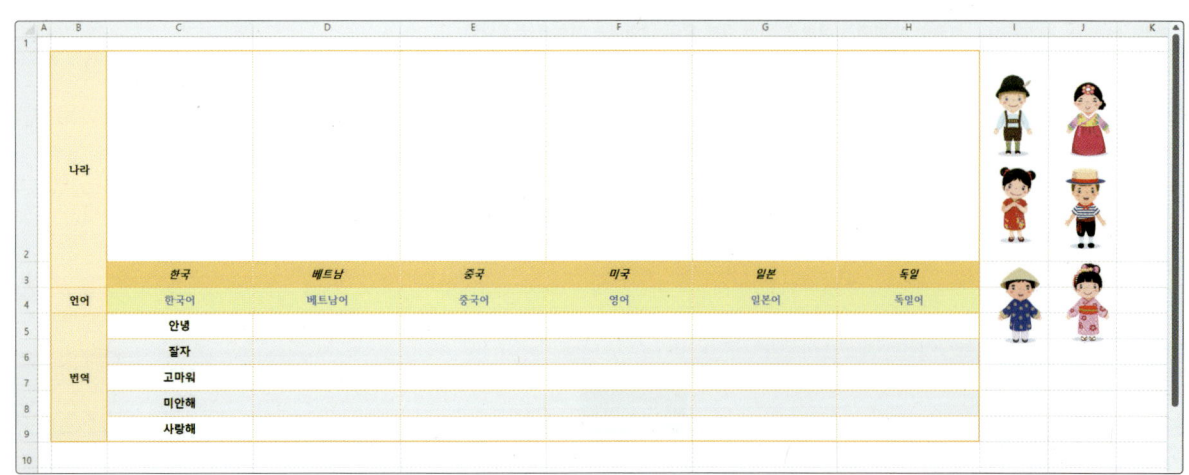

❷ 시트 오른쪽을 보면 각국의 전통 의상을 입은 캐릭터가 보일 거예요. 알맞은 셀에 배치해 볼까요?

	한국	베트남	중국	미국	일본	독일
	한국어	베트남어	중국어	영어	일본어	독일어
안녕						
잘자						
고마워						
미안해						
사랑해						

2 파파고 번역기를 실행하여 인사말을 번역해요!

❶ 인터넷에는 다양한 번역기 서비스가 있어요. 그중 오늘은 '파파고'를 이용해 보도록 할게요.

❷ 인터넷을 실행한 다음 **파파고**를 검색해요.

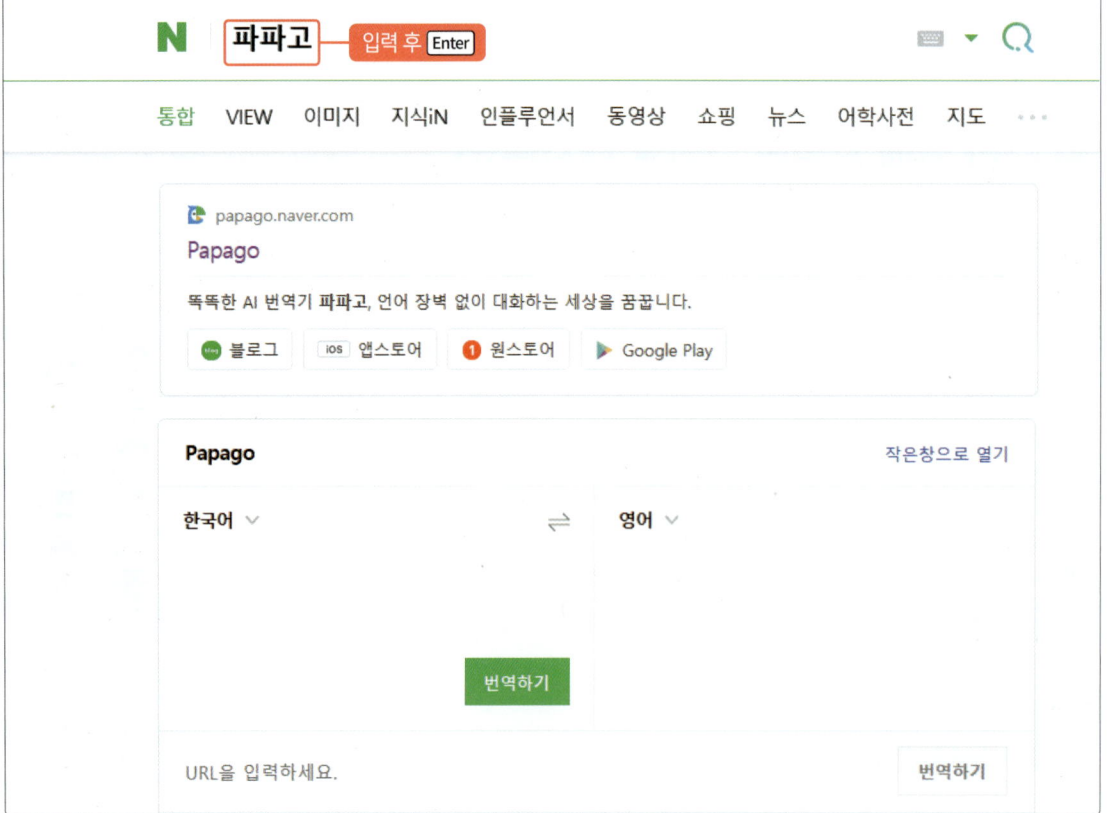

❸ 한국어에 **안녕**을 입력한 다음 **베트남어**를 선택하여 번역된 언어를 확인해보세요.

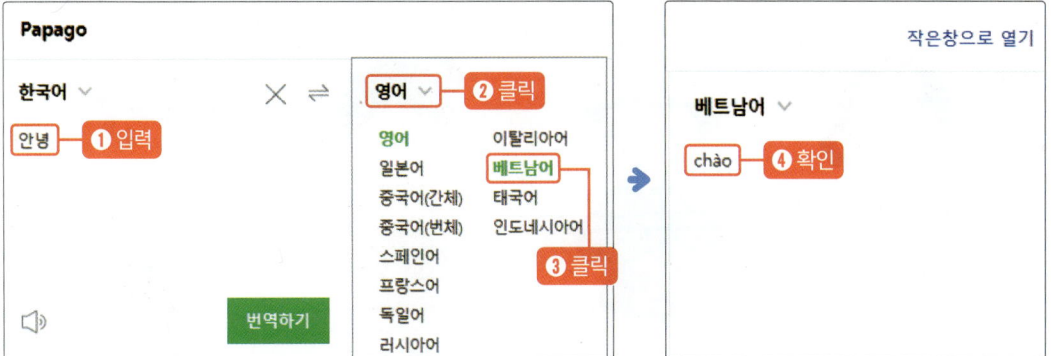

 다른 내용을 베트남어로 번역할래요!

아래와 같이 한국어 단어 또는 문장을 입력한 다음 <번역하기>를 클릭하면 번역된 결과를 확인할 수 있어요.

3 번역된 결과를 복사하여 엑셀 프로그램에 붙여넣어요!

❶ 베트남어로 번역된 단어를 드래그하여 블록으로 지정한 다음 Ctrl+C를 눌러 복사해요.

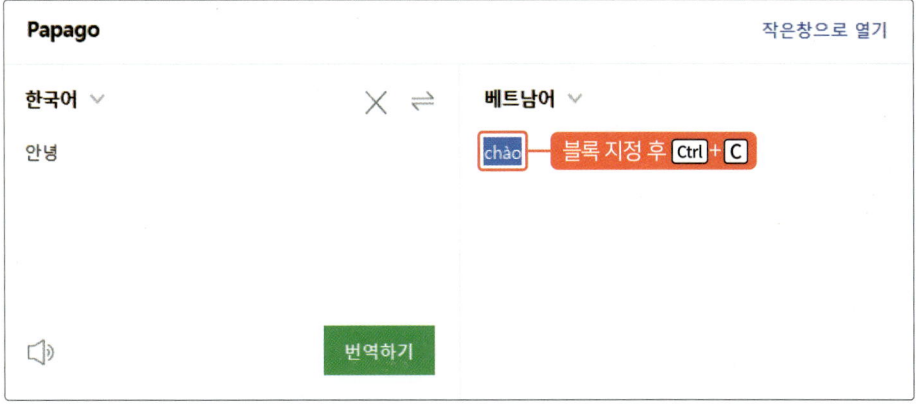

❷ 작업 중인 **통역가.xlsx** 파일을 활성화시킨 다음 [D5] 셀을 더블 클릭해요.

❸ Ctrl + V 를 눌러 복사한 번역 내용을 붙여 넣을 수 있어요.

 셀을 더블 클릭하는 이유는 무엇일까요?

셀이 선택된 상태에서 복사한 텍스트를 붙여넣으면 아래 그림과 같이 글꼴 서식이 기본으로 적용되기 때문에 셀을 더블 클릭하여 입력 상태가 되었을 때 붙여 넣기를 작업하도록 해요.

한국	베트남	중국	미국	일본	독일
한국어	베트남어	중국어	영어	일본어	독일어
안녕	chào	你好。	Hi.	こんにちは	Hallo.
잘자	ngủ ngon	晚安。	Good night	お休み	Gute Nacht.
고마워	Cảm ơn	谢谢。	Thank you.	ありがとな	Danke.
미안해	xin lỗi	对不起。	I'm sorry.	ごめんな。	Es tut mir leid.
사랑해	anh yêu em	我爱你。	I love you.	大好き。	Ich liebe dich.

❶ '파파고' 번역기를 활용하여 각국의 언어로 모두 번역해 보세요.

실습파일 : 통역가_연습문제.xlsx   완성파일 : 통역가_연습문제(완성).xlsx

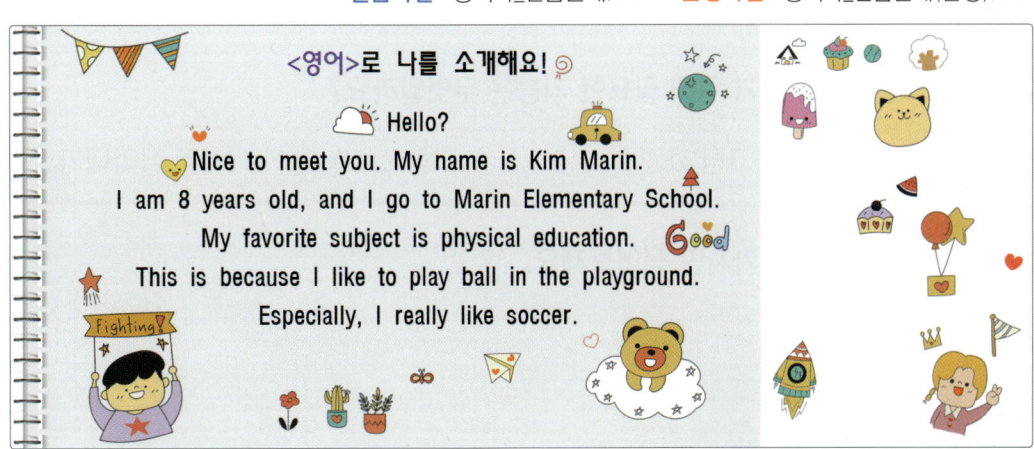

❶ ○ 안에 들어갈 단어를 수정해보고, 나를 소개하는 내용을 아래쪽 셀에 추가하여 입력해요.
❷ '파파고' 번역기를 활용하여 입력된 내용을 영어로 번역해 보세요.
❸ 시트 주변의 그림으로 스케치북을 예쁘게 꾸며봅니다.

 팁 긴 문장도 간편하게 번역해요!

문장이 입력된 셀의 내용을 블록으로 지정해요. Ctrl+C를 눌러 복사한 다음 '파파고'에 붙여넣기(Ctrl+V)하면 쉽게 번역이 가능해요.

이만큼 배웠어요

퀴즈를 풀어보면서 지금까지 배운 내용을 정리해요

1 시트 탭(Sheet1)에 대한 설명으로 옳지 않은 것은 무엇일까요?

① 시트 탭의 색상을 바꿀 수 있어요.

② 시트 탭의 모양을 바꿀 수 있어요.

③ 시트 탭의 이름을 바꿀 수 있어요.

④ 시트 탭을 추가할 수 있어요.

2 아래 그림과 같이 셀에 설명을 추가하기 위해 사용하는 기능은 무엇일까요?

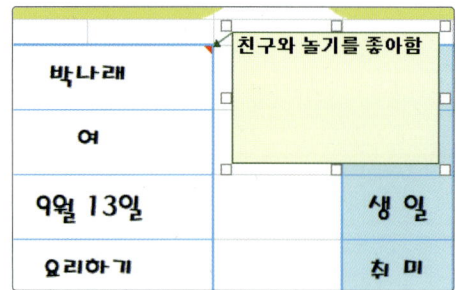

① 메모 삽입

② 도형

③ 텍스트 상자

④ 워드아트

3 셀을 하나의 그림처럼 만들기 위해 필요한 기능은 무엇일까요?

① 서식 복사　　② 그림 효과　　③ 그림으로 복사　　④ 잘라내기

4 동물 사육사가 하는 일을 3가지만 적어보세요.

5 나의 생각이나 하고 싶은 이야기를 글과 그림으로 표현할 수 있는 직업은 무엇일까요?

아래 작업 순서를 참고하여 워크시트를 완성해요

실습파일 : 16_연습문제.xlsx   완성파일 : 16_연습문제(완성).xlsx

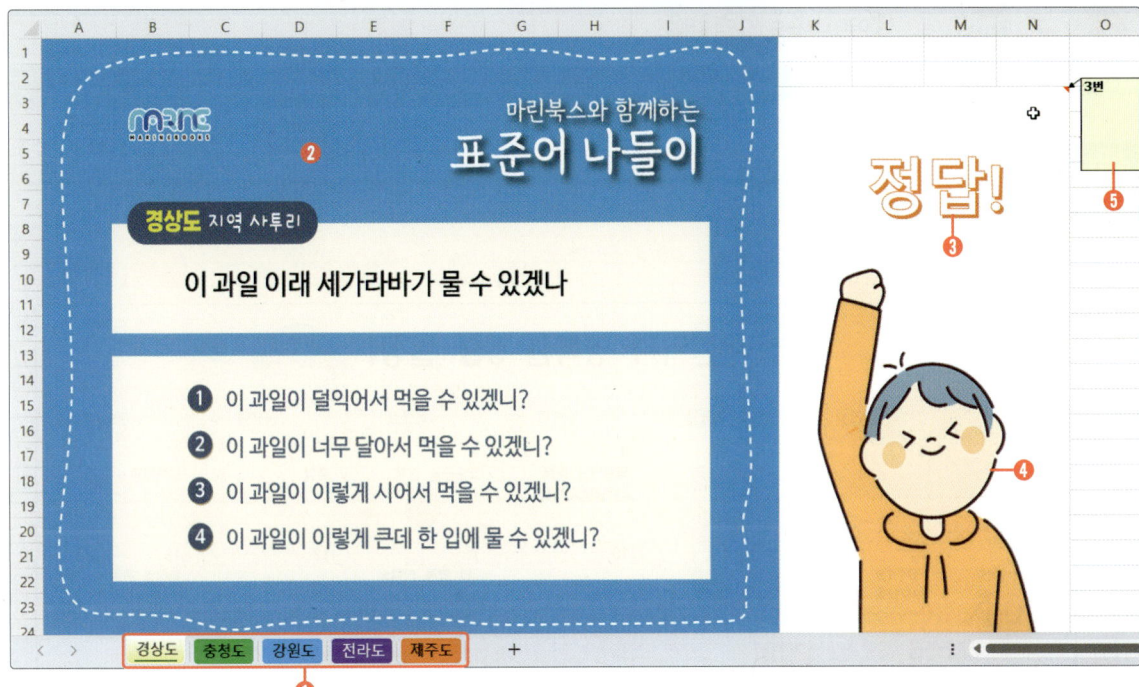

작업 순서

❶ 각 시트 탭의 색상을 원하는 색으로 변경해요.

❷ 병합된 [A1:J24] 셀에 지역 이름으로 된 그림을 삽입해요.
  • 그림 삽입 : [삽입]-[일러스트레이션]-[그림(🖼)]

❸ 원하는 스타일의 워드아트를 삽입하여 '정답' 글자를 입력하고, 글꼴 서식도 변경해요.
  • 워드아트 삽입 : [삽입]-[텍스트]-[WordArt(🗛)]
  • 글꼴 서식 변경 : [홈]-[글꼴]

❹ '캐릭터.png' 그림을 삽입한 후 잘라내기 기능을 이용하여 각 시트별로 하나의 캐릭터만 배치해 보세요.
  • 그림 자르기 : [그림 서식]-[크기]-[자르기(⊟)]

❺ 메모 기능을 이용하여 우측 병합된 셀([K3:N24])에 퀴즈의 정답을 표시해요.

이만큼 배웠어요! 95

CHAPTER 17

연예인의 일정 관리 비법

학습목표

★ 자동 채우기 기능으로 문자와 숫자를 입력해요.
★ 셀에 내용을 입력해요.

실습파일 연예인.xlsx   완성파일 연예인(완성).xlsx

완성 작품 미리보기

직업 이야기

창의 놀이터 : 출발 지점과 도착 지점이 만날 수 있도록 미로를 따라 선을 그려주세요!

1 자동 채우기로 데이터를 입력해요!

❶ 엑셀 2021 프로그램을 실행하여 [Chapter 17_연예인]-**연예인.xlsx** 파일을 불러와요.

17 연예인의 일정 관리 비법

❷ [B3]에 **일요일**을 입력한 다음 **채우기 핸들(+)**을 드래그 해보세요.

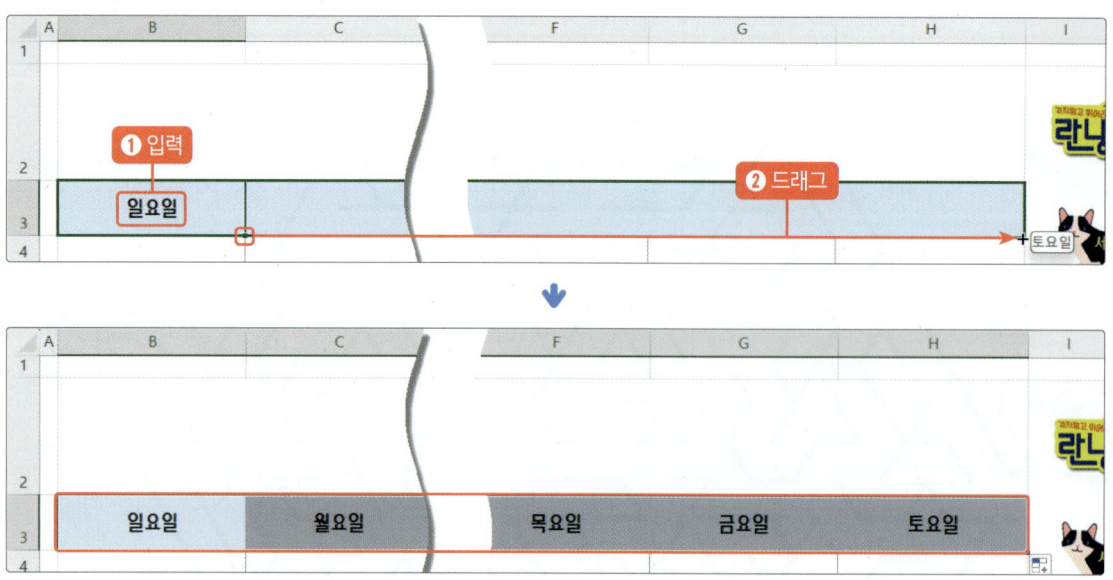

❸ 이번에는 달력의 날짜를 입력해 보도록 할게요. 만들고 싶은 달력의 1일이 시작되는 셀에 **1**을 입력해요.

❹ Ctrl 을 누른 채 해당 셀의 **채우기 핸들(+)**을 드래그하여 숫자를 입력해 보세요.

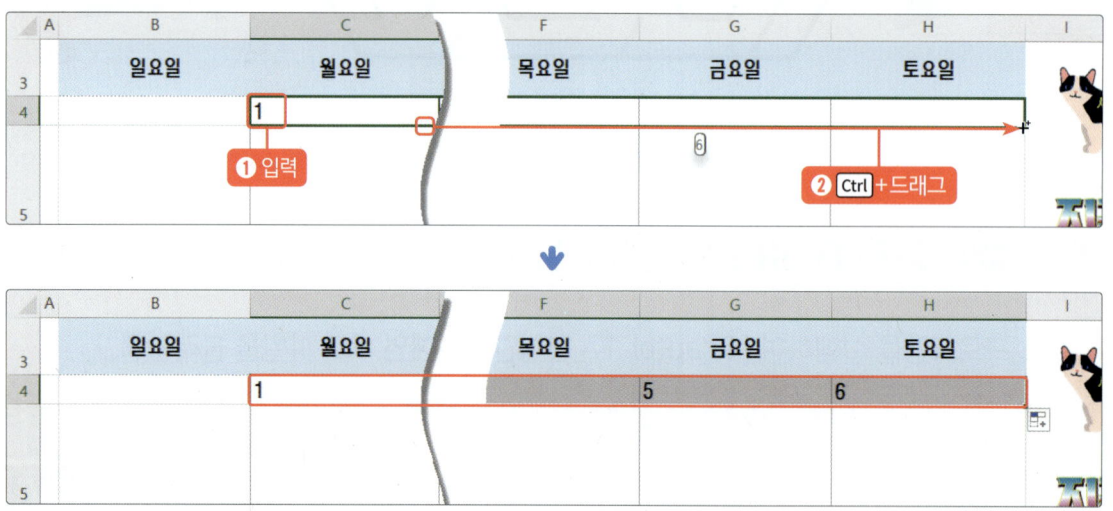

팁 자동 채우기로 데이터 입력하기!

요일이나 숫자와 같이 규칙적인 데이터는 자동 채우기로 입력하는 것이 편리해요. 하나씩 증가하는 숫자는 Ctrl 을 누른 채 채우기 핸들(+)을 드래그해야 한다는 것을 잊지 마세요!

❺ 똑같은 방법으로 달력의 숫자 입력을 완료해 보세요.

일요일	월요일	화요일	수요일	목요일	금요일	토요일
	1	2	3	4	5	6
7	8	9	10	11	12	13
14	15	16	17	18	19	20
21	22	23	24	25	26	27
28	29	30	31			

❻ **[B2:H13]** 셀을 범위로 지정한 다음 [홈]-[글꼴]-[테두리] → **[굵은 바깥쪽 테두리]**를 선택해요.

❼ 일요일과 토요일의 글꼴 색상을 변경한 다음 법정 공휴일이 있다면 입력해 보세요.

팁 2개 이상의 셀을 선택해요!
- 붙어 있는 셀을 선택할 때는 드래그를 이용해요.
- 떨어져 있는 셀을 선택할 때는 Ctrl 을 눌러 선택할 수 있어요.

셀에 내용을 입력해 보세요!

① [B2:H2] 셀에 자유롭게 제목을 입력해 보세요.

② [B9] 셀(14일 칸)을 선택하여 내용을 입력해요. Alt + Enter 를 누르면 아래쪽에 입력이 가능해요.

③ 내가 연예인이 되었다고 생각하면서 일정을 계획해 보세요!

일요일	월요일	화요일	수요일	목요일	금요일	토요일
	1	2	3 어린이날 특집 <러닝맨> 녹화!	4 호수공원 산책	5 어린이날 휴식	6 팬싸인회
7 러닝맨 모니터링	8 어버이날, 부모님과 식사	9	10	11 <난 함께 산다> 녹화	12	13 뮤지컬 관람
14 제주도 여행 14~16일까지!	15	16	17 <동물친구> 녹화장 반려견 깨꽁이 동반	18	19 맛집 탐방	20 새로운 프로그램 고정 출연
21 동물친구 모니터링	22	23 절친 마이유랑 데이트	24	25 세나냥 게스트 출연	26 난 함께 산다 모니터링	27 석가탄신일
28 휴식	29	30 지락실 마지막 방송	31			

 팁 글자 입력이 힘들어요!

키보드 입력이 익숙하지 않은 친구들에겐 아직 많은 내용을 입력하기가 쉽지 않을 거예요. 적을 수 있을 정도의 내용으로만 자유롭게 입력해 보아요.

 작품을 완성해요

① [보기]-[표시]에서 '눈금선'을 해제해요.
② 시트 오른쪽의 그림을 활용하여 일정표를 꾸며보세요.

실습파일 : 연예인_연습문제.xlsx   완성파일 : 연예인_연습문제(완성).xlsx

① [B3] 셀에 '월요일'을 입력한 다음 채우기 핸들(+)을 이용하여 요일을 입력해요.
② [B4]에는 '아침', [B6]에는 '점심', [B8]에는 '저녁'을 입력한 다음 채우기 핸들(+)을 이용하여 나머지 요일에도 입력해 보세요.
③ 다이어트 식단 제목을 입력하고, 시트 오른쪽의 그림을 활용하여 식단표를 꾸며보세요.

CHAPTER 18
패션디자이너의 의상 선택은?

학습목표
★ 틀 고정 기능을 이용해 보아요.
★ 그림의 배경을 투명한 색으로 설정해요.

실습파일 패션디자이너.xlsx   완성파일 패션디자이너(완성).xlsx

완성 작품 미리보기

직업 이야기

창의 놀이터 : 다양한 패턴, 로고, 캐릭터 등의 그림을 그려 옷과 가방을 디자인 해보세요!

① 캐릭터의 얼굴 그림을 삽입해요!

① 엑셀 2021 프로그램을 실행하여 [Chapter 18_패션디자이너]-**패션디자이너.xlsx** 파일을 불러와요.

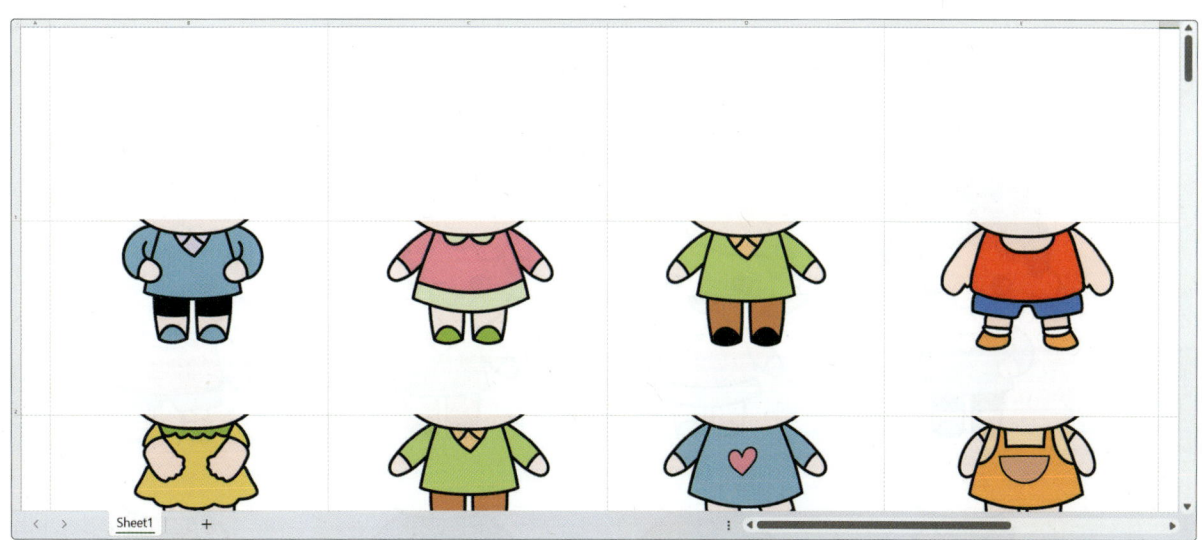

❷ [B1] 셀을 선택한 다음 [삽입]-[일러스트레이션]-[그림(🖼)] → **[이 디바이스]**를 클릭해요.

❸ [불러올 파일]-[Chapter 18_패션디자이너] 폴더에서 아래와 같이 그림을 선택한 다음 <삽입>을 클릭해요.

❹ 원하는 위치로 그림을 배치해주세요. 단, 크기는 변경하지 않도록 합니다.

2 틀 고정 기능으로 원하는 패션을 선택해요!

1. 스크롤 바를 드래그하여 아래쪽 행으로 쭉 내리면 다양한 패션을 확인할 수 있지만 캐릭터의 얼굴이 사라지게 되죠?

2. 1행에 삽입된 캐릭터 얼굴을 고정하면 문제를 해결할 수 있답니다! [보기]-[창]-[틀 고정(🔲)] → [첫 행 고정(🔲)]을 선택해주세요.

3. 스크롤 바를 드래그하거나, 방향키(↑, ↓)를 눌러 네 명의 캐릭터에게 어울리는 패션을 찾아주세요.

18 패션디자이너의 의상 선택은?

③ 투명한 색 설정 기능으로 그림의 배경을 없애요!

❶ 장식품을 이용해 캐릭터를 조금 더 꾸며볼게요.

❷ **[B1]** 셀을 선택하여 [삽입]-[일러스트레이션]-[그림()] → **[이 디바이스]**를 클릭한 다음 꾸미기 그림을 불러옵니다.

❸ 삽입된 그림의 회색 배경을 제거해보도록 할게요. 그림이 선택된 상태에서 [그림 서식]-[조정]-[색()] → **[투명한 색 설정]**을 클릭해요.

❹ 마우스 포인터가 모양으로 변경되면 **회색 부분을 클릭**하여 투명하게 만들고, 원하는 캐릭터 쪽으로 위치를 이동하여 완성해요.

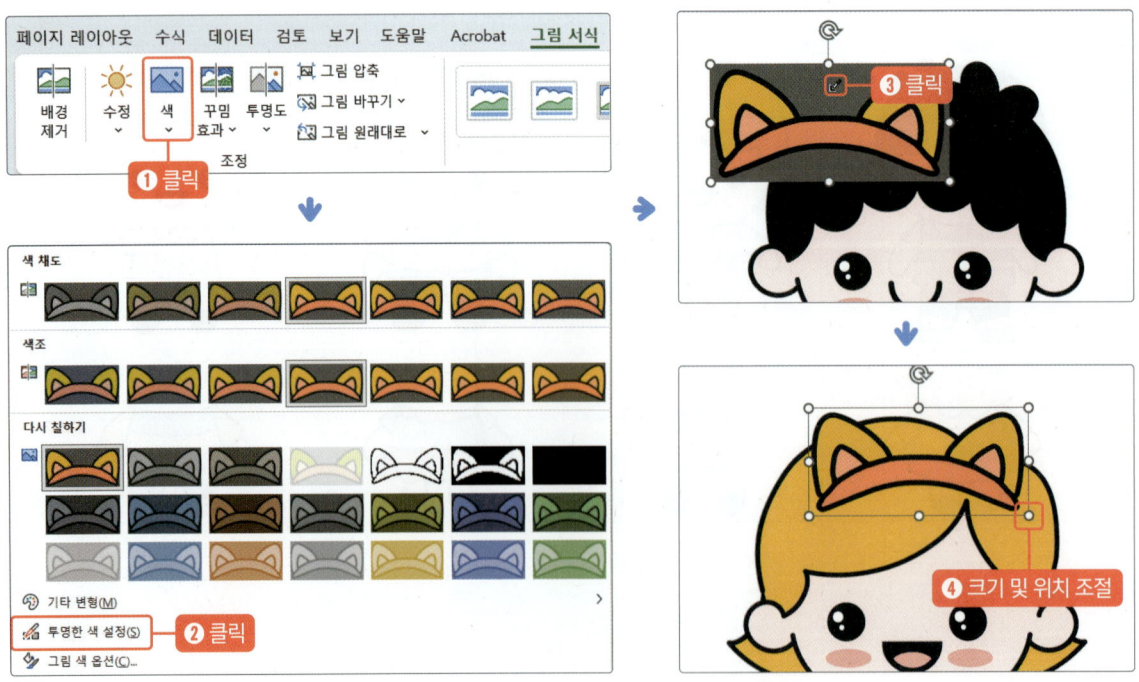

① [Chapter 18_패션디자이너] 폴더에서 꾸미기 그림을 이용하여 캐릭터를 꾸며보세요.
② 스크롤 바를 드래그하거나, 방향키(↑, ↓)를 눌러 새로운 옷을 입혀보세요.

실습파일 : 패션디자이너_연습문제.xlsx　　**완성파일** : 패션디자이너_연습문제(완성).xlsx

① 틀 고정에서 '첫 열 고정'을 지정한 다음 다양한 아이템으로 캐릭터를 꾸며보세요. 내 모습 또는 친한 친구의 모습을 만들어보는 것도 재미있겠죠?
② 표정 그림은 배경을 투명하게 변경한 다음 꾸며주세요. 만약 테두리가 깨끗하게 지워지지 않을 경우에는 [자르기(⌐⌐)] 기능을 이용하여 잘라주세요!
③ [A2] 셀에 캐릭터의 이름 또는 별명을 적어보세요.

CHAPTER 19 도서관 사서의 책 분류하기!

학습목표
★ 정렬 기능을 이용하여 도서 목록을 정리해요.
★ 자동 필터 기능을 이용하여 원하는 분야와 대상의 도서만 추출해요.

실습파일 사서.xlsx 완성파일 사서(완성).xlsx

완성 작품 미리보기

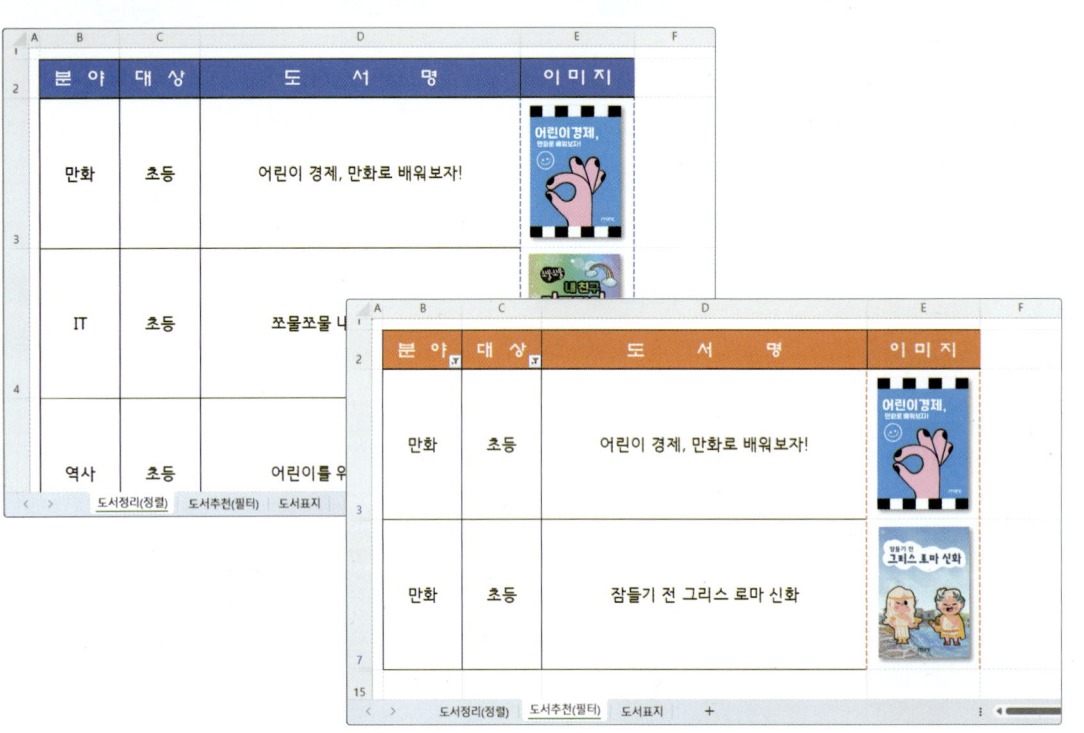

직업 이야기

창의 놀이터 : 아래 4개의 조건에 모두 해당되는 직업을 찾아 ○표시해 보세요!

1. 이름이 두 글자는 아니에요.
2. 늘 위생에 신경을 써야 해요.
3. 신선하고 좋은 재료가 필요해요.
4. 빵을 만들지는 않아요.

1 도서 목록을 보기 좋게 정렬해요!

① 엑셀 2021 프로그램을 실행하여 [Chapter 19_사서]-**사서.xlsx** 파일을 불러와요.

분야	대상	도 서 명	이미지
만화	초등	어린이 경제, 만화로 배워보자!	
IT	초등	쪼물쪼물 내 친구 컴퓨터왕	
역사	초등	어린이를 위한 처음 세계사	
소설	유아	눈사람도 울까요?	
만화	초등	잠들기 전 그리스 로마 신화	
IT	중고등	매일 10분 투자 IT 지식 UP	
소설	중고등	여름방학이 좋더라고.	
여행	성인	멕시코 문화 체험기	
외국어	성인	마린이의 생활영어	
소설	초등	마린몬스터의 이상한 잡화점	
만화	유아	만화로 배우는 직업 이야기	
여행	성인	아시아의 미를 찾아서!	

❷ [도서정리(정렬)] 시트를 이용하여 도서 목록을 보기 좋게 정리해보도록 할게요.

❸ [C2] 셀을 선택한 다음 [데이터]-[정렬 및 필터]-[텍스트 내림차순 정렬(힣↓)]을 클릭하여 **대상**을 기준으로 도서 목록을 정렬해요.

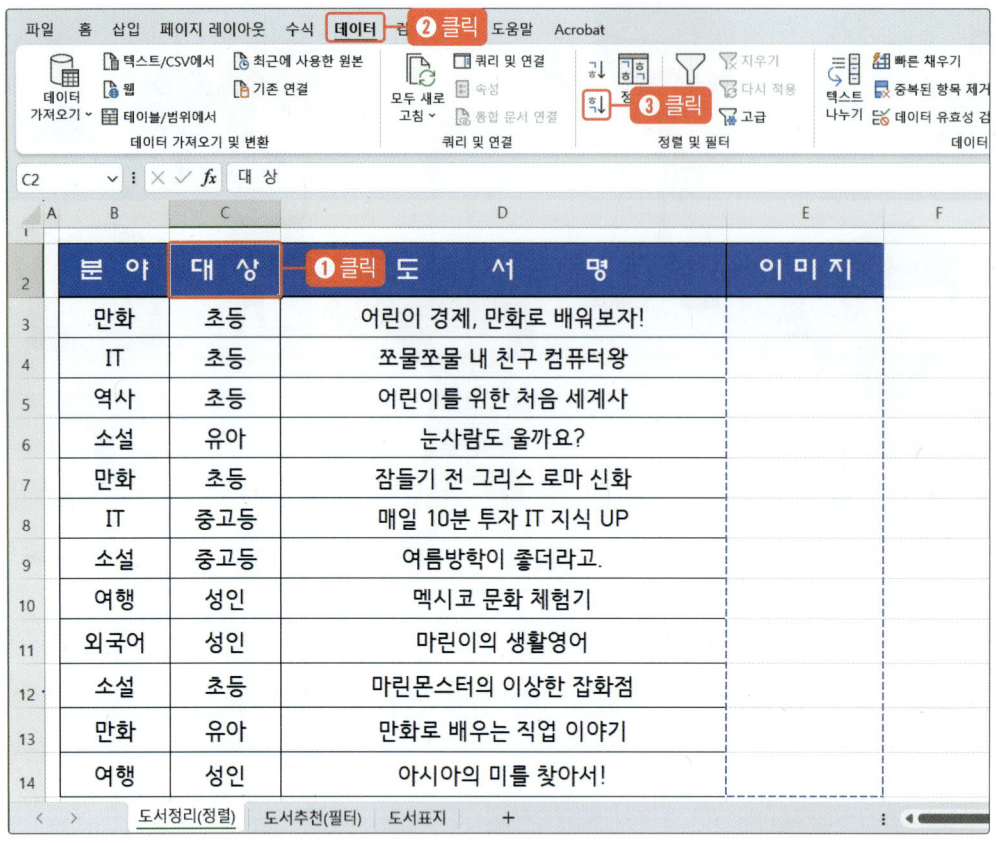

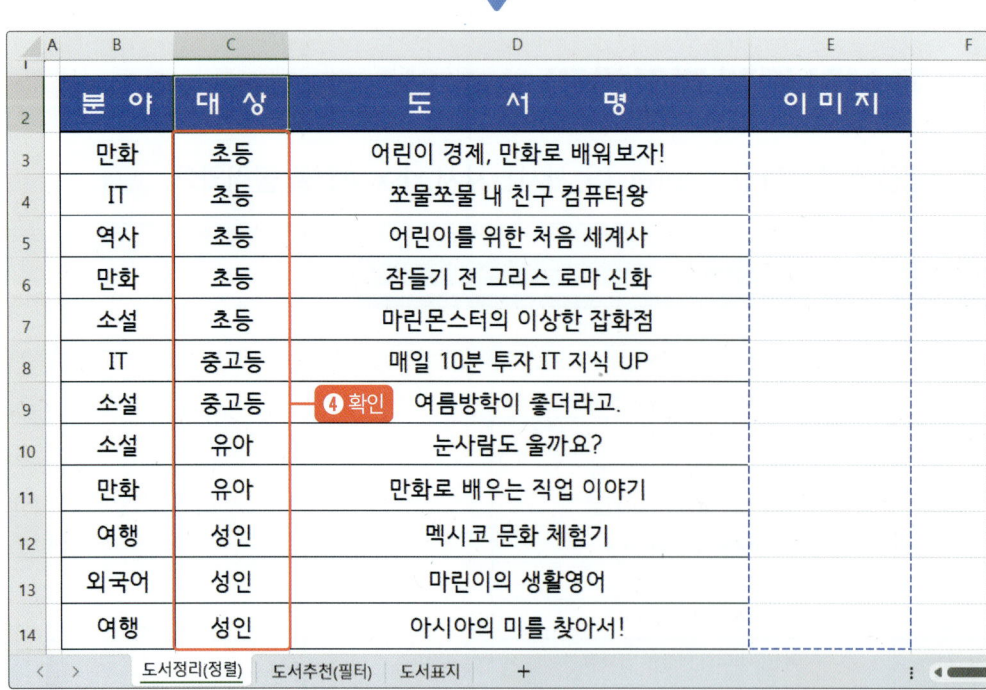

> **팁** 정렬에 대해 알아보아요!
>
> 각 셀에 입력된 많은 양의 데이터는 '정렬' 기능을 이용하여 보기 좋게 정리할 수 있어요.
> - 오름차순 정렬( ) : ⟨ㄱ → ㅎ⟩, ⟨A → Z⟩, ⟨1 → 10⟩ 순으로 배치
> - 내림차순 정렬( ) : ⟨ㅎ → ㄱ⟩, ⟨Z → A⟩, ⟨10 → 1⟩ 순으로 배치

2 자동 필터 기능을 이용해 꼭 필요한 정보만 확인해요!

❶ [도서추천(필터)] 시트 탭을 선택한 다음 [B2:C2]를 범위로 지정해요.

❷ [데이터]-[정렬 및 필터]-[필터( )]를 클릭해요.

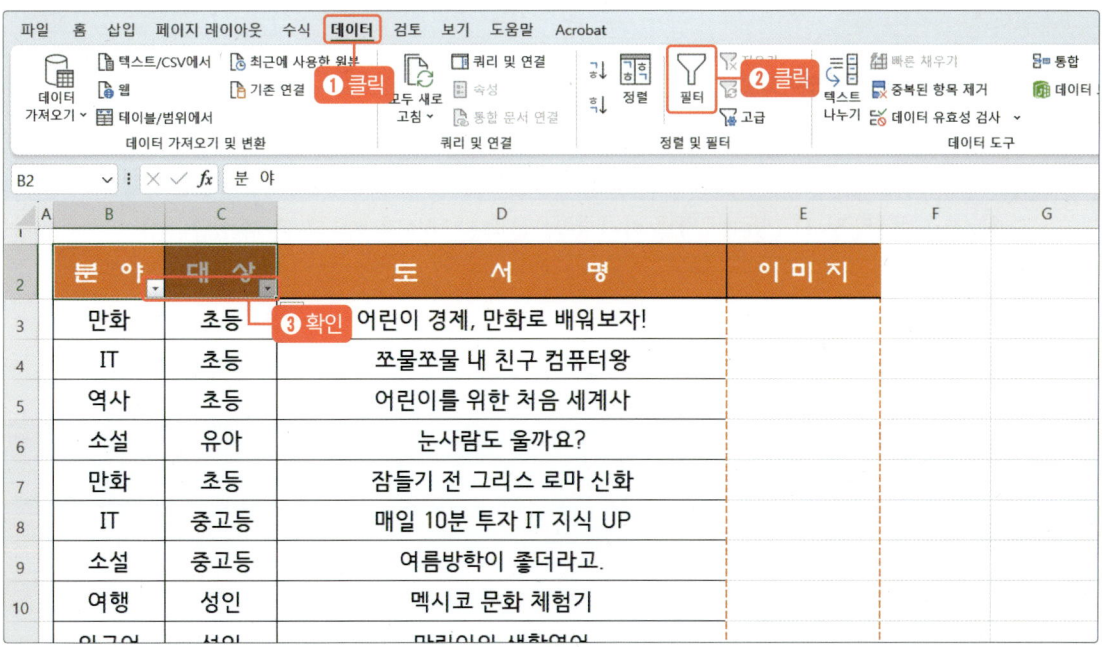

19 도서관 사서의 책 분류하기! 111

❸ **[C2]** 셀의 필터 목록 단추(▼)를 클릭하여 **초등**만 선택되도록 한 다음 <확인>을 클릭해요.

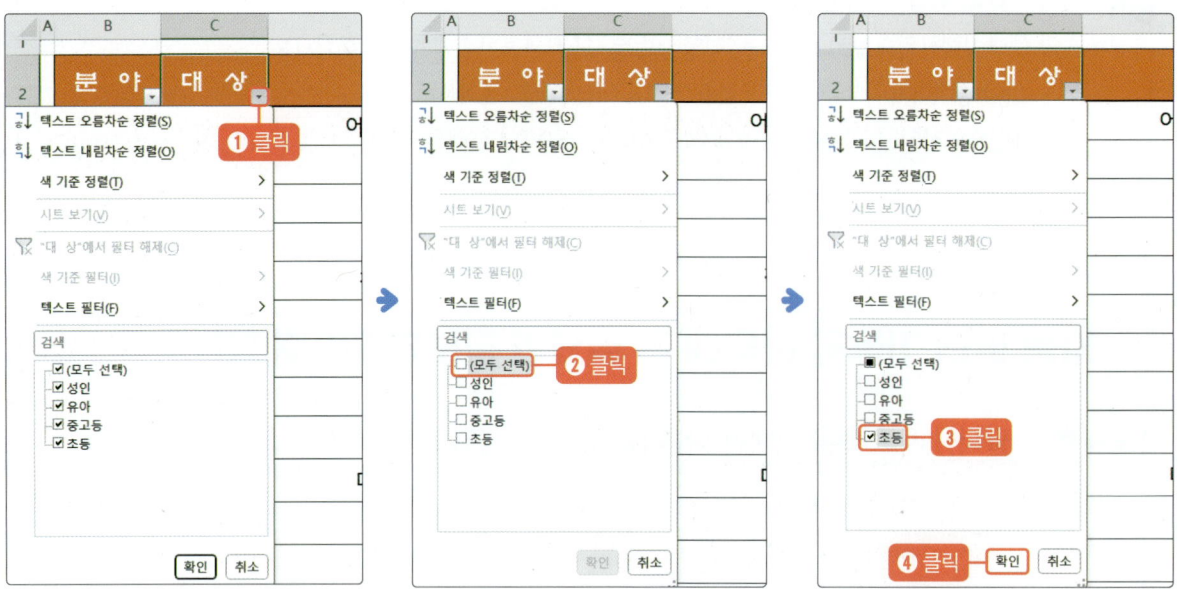

❹ 대상이 '초등' 학생인 독자에게 추천할 수 있는 책의 제목을 한눈에 확인할 수 있어요!

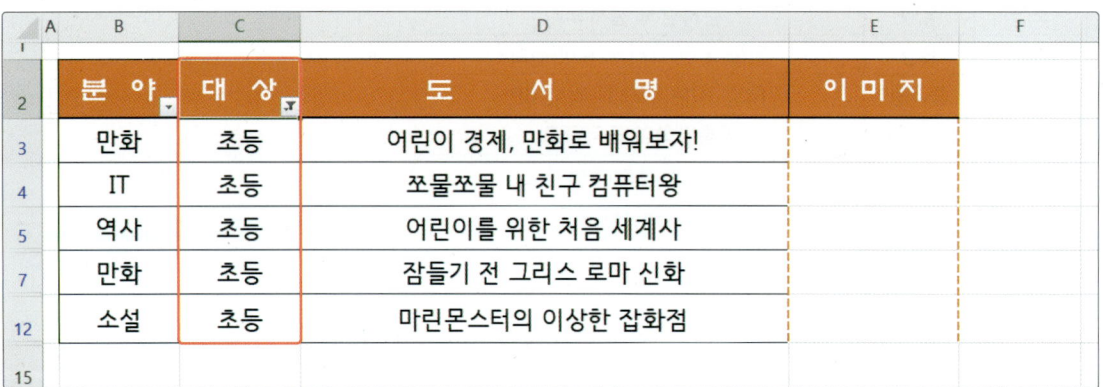

> **팁 필터에 대해 알아보아요!**
> - 필터는 여러 개의 데이터 중에서 원하는 정보만 추출할 수 있는 기능이에요.
> - 필터가 지정되면 목록 단추가 ▼ 모양으로 변경되기 때문에 필터가 지정된 것을 눈으로 확인할 수 있어요.
> - [데이터]-[정렬 및 필터]-[필터(▽)]를 다시 클릭하면 적용된 필터를 모두 삭제할 수 있답니다!

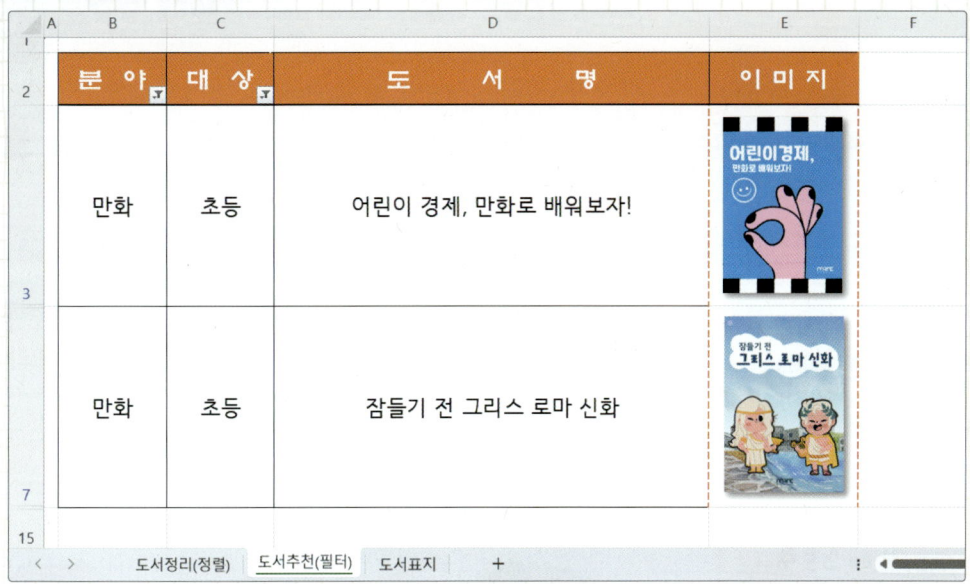

❶ '초등' 대상으로 분야가 '만화'인 데이터를 추출해 보세요.
❷ [도서표지] 시트의 그림을 복사하여 [도서정리(정렬)], [도서추천(필터)] 시트에 붙여 넣어요. 표지가 들어갈 행의 높이는 '130' 정도로 변경하는 것을 추천해요!

실습파일 : 사서_연습문제.xlsx   완성파일 : 사서_연습문제(완성).xlsx

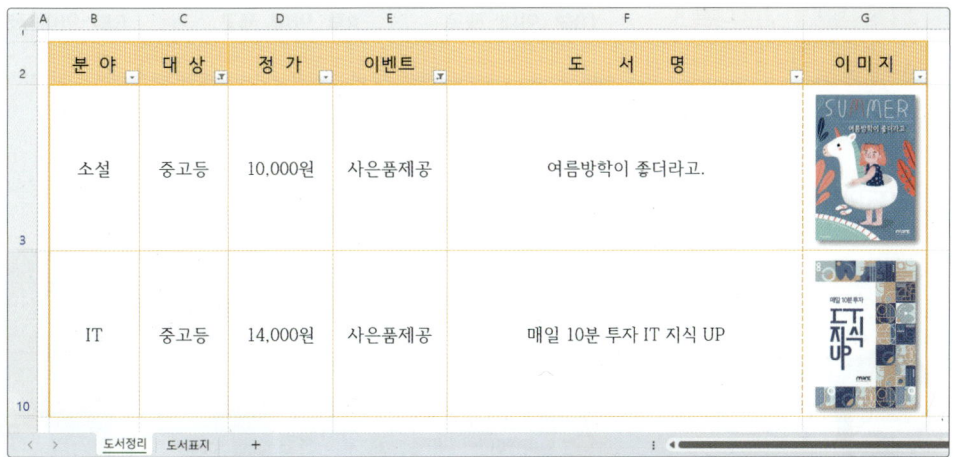

❶ 정가를 기준으로 오름차순 정렬하여 낮은 금액부터 도서 목록이 보이도록 해요.
❷ 필터(▽) 기능을 이용하여 이벤트가 '사은품제공'인 도서만 추출해요.
❸ '사은품제공' 이벤트 중에서 '중고등'인 도서만 추출해요.
❹ [도서표지] 시트의 그림을 복사하여 붙여 넣어요. 표지가 들어갈 행의 높이는 '130' 정도로 변경해요.

요리사의 추천 코스 메뉴

학습목표
★ 표시 형식을 지정하여 숫자 뒤에 '원'을 입력할 수 있어요.
★ 표시 형식을 지정하여 숫자 뒤에 '분 이내 제공'을 입력할 수 있어요.

실습파일 요리사.xlsx   완성파일 요리사(완성).xlsx

완성 작품 미리보기

직업 이야기

창의 놀이터 : 맛있는 요리의 이름이 뒤집어져 있어요. 알맞게 고쳐 적어보세요.

부시타 ➡ 🍝 ➡
핫도그 ➡ 🌭 ➡
떡볶이 ➡ 🍲 ➡
샐러드 ➡ 🥗 ➡

1 요리를 각 셀에 배치해요!

① 엑셀 2021 프로그램을 실행하여 [Chapter 20_요리사]-**요리사.xlsx** 파일을 불러와요.

20 요리사의 추천 코스 메뉴

❷ 다음은 마린레스토랑 코스 요리에 대한 설명이에요.

A코스	육류를 좋아하는 손님에게 추천합니다.
B코스	해산물을 좋아하는 손님에게 추천합니다.
C코스	어린이 생일 파티에 추천합니다.

❸ 먼저 **[A코스]** 시트의 그림을 이용하여 육류를 좋아하는 손님에게 추천할 요리를 자유롭게 배치하고, **음식의 금액**도 적어보세요.

❹ 이번에는 각 메뉴의 **예상 조리 시간**을 적어볼게요. 분 단위로 숫자만 입력해 주세요!

표시 형식을 지정하여 '원'을 표시해요!

① [D3:F3]을 선택한 다음 Ctrl 을 누른 채 [D7:F7]을 드래그하여 범위로 지정해요.
② 마우스 오른쪽 버튼을 눌러 [셀 서식]을 선택하세요.

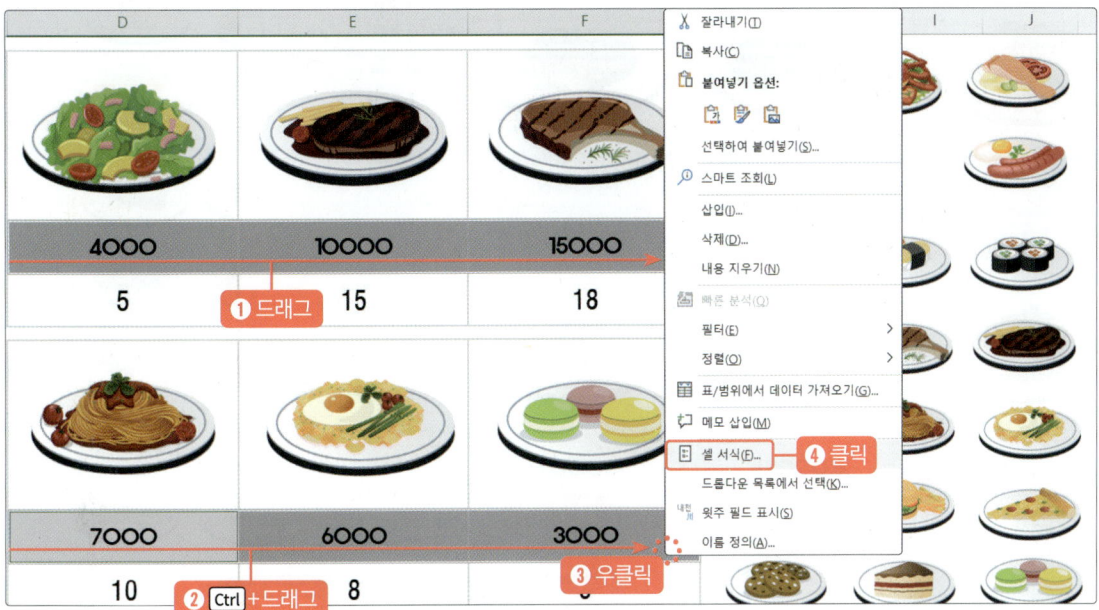

③ [표시 형식]-[사용자 지정]에서 아래와 같이 지정한 다음 <확인>을 클릭해요.

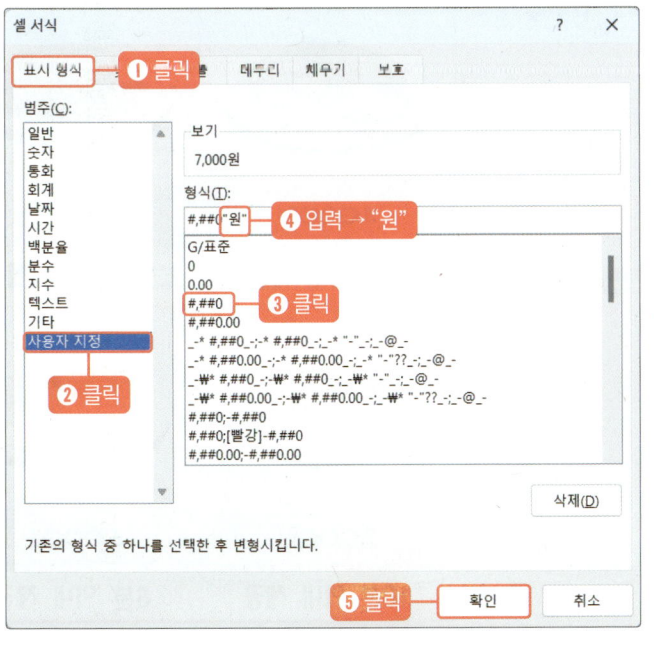 

20 요리사의 추천 코스 메뉴   117

표시 형식을 지정하여 '분 이내 제공'을 표시해요!

① [D4:F4], [D8:F8]을 범위로 지정한 다음 [셀 서식]을 선택하세요.

② [표시 형식]-[사용자 지정]에서 아래와 같이 지정한 다음 <확인>을 클릭해요.

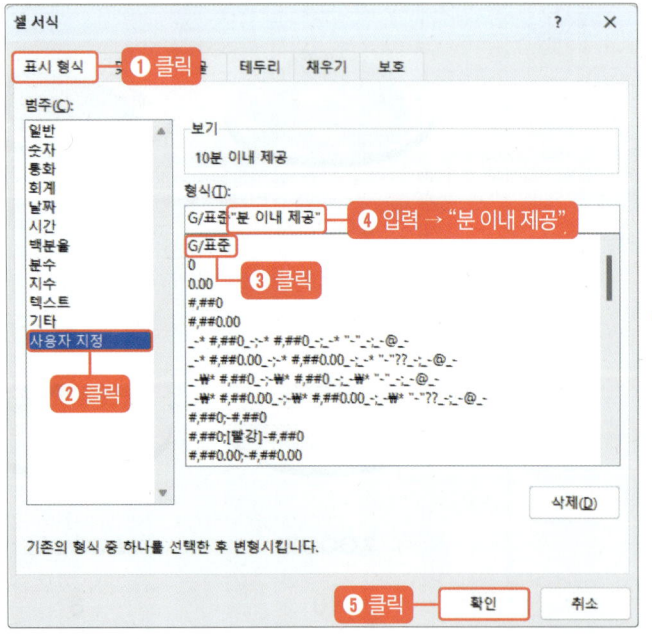

❶ 116 페이지 2번의 표 내용을 참고하여 [B코스], [C코스]의 메뉴를 완성해 보세요.
❷ 3D 모델 기능을 이용하여 원하는 음식 그림으로 바꿔 보세요.
 - 3D 모델 음식 추가 : 'food'를 검색해 여러 가지 음식을 찾아 활용할 수 있어요.

실습파일 : 요리사_연습문제.xlsx   완성파일 : 요리사_연습문제(완성).xlsx

❶ [D3:D15] : [표시 형식]-[사용자 지정]에서 "@"를 이용하여 문자 뒤에 "보관"을 지정해요.
❷ [E3:E15] : [표시 형식]-[사용자 지정]에서 "G/표준"을 이용하여 숫자 뒤에 단위를 지정해요.
 • 가공식품, 과일 – 봉지   • 육류 – kg   • 채소 – 박스   • 해산물 – 팩

빠르고 정확한 계산, 은행원

학습목표
★ 계산식을 이용하여 통장에 남은금액을 계산할 수 있어요.
★ 완성된 파일에 비밀번호를 지정하여 저장할 수 있어요.

실습파일 은행원.xlsx   완성파일 은행원(완성).xlsx

완성 작품 미리보기

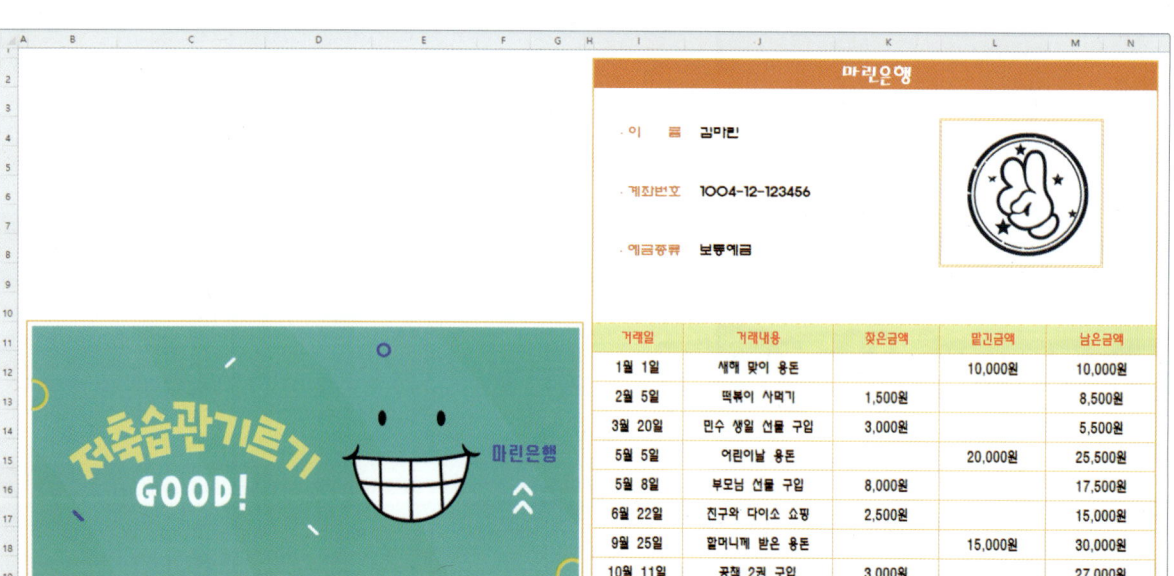

직업 이야기

창의 놀이터 : 주어진 초성으로 만들 수 있는 단어를 찾아 적어보세요!

| ㅇㅎ | ㄱㅈ | ㅅㅁ |

예시: 은행

1 통장 거래 내용을 입력해요!

① 엑셀 2021 프로그램을 실행하여 [Chapter 21_은행원]-**은행원.xlsx** 파일을 불러와요.

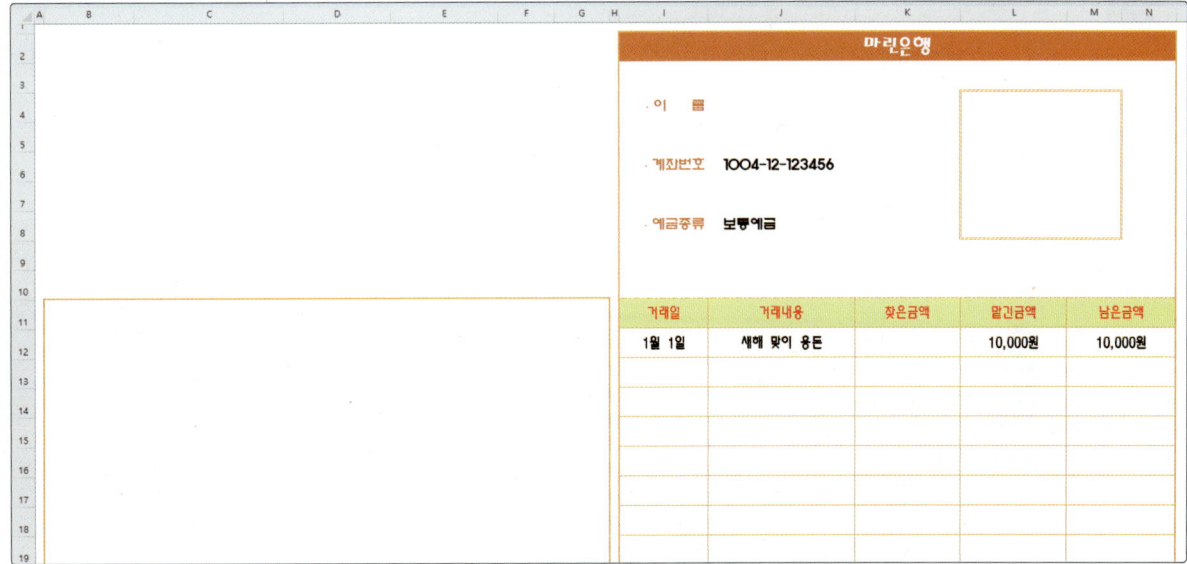

❷ 거래일, 거래내용, 찾은금액 또는 맡긴금액을 자유롭게 입력해 보세요.

❸ 금액을 입력할 때는 3000 5000 형식으로 간단하게 입력하고, 남은 금액은 비워두세요!

거래일	거래내용	찾은금액	맡긴금액
1월 1일	새해 맞이 용돈		10000
2월 5일	떡볶이 사먹기	1500	
3월 20일	민수 생일 선물 구입	3000	
5월 5일	어린이날 용돈		20000
5월 8일	부모님 선물 구입	8000	
6월 22일	친구와 다이소 쇼핑	2500	
9월 25일	할머니께 받은 용돈		15000
10월 11일	공책 3권 구입	3000	

▲ 입력 형식

거래일	거래내용	찾은금액	맡긴금액	남은금액
1월 1일	새해 맞이 용돈		10,000원	10,000원
2월 5일	떡볶이 사먹기	1,500원		
3월 20일	민수 생일 선물 구입	3,000원		
5월 5일	어린이날 용돈		20,000원	
5월 8일	부모님 선물 구입	8,000원		
6월 22일	친구와 다이소 쇼핑	2,500원		
9월 25일	할머니께 받은 용돈		15,000원	
10월 11일	공책 2권 구입	3,000원		

팁 셀에 '원'이 자동으로 입력돼요!

이전 시간에 배웠던 〈사용자 지정 표시 형식〉 기능을 이용하여 금액이 입력될 셀에 미리 서식을 지정해 놓았기 때문에 '찾은금액', '맡긴금액'을 입력할 때는 숫자만 입력해도 된답니다.

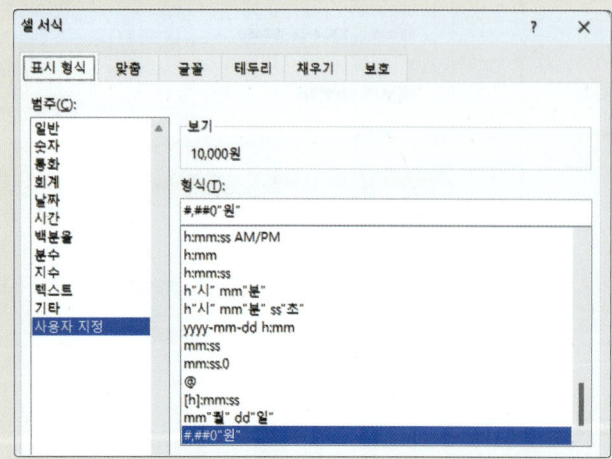

계산식을 이용하여 남은금액을 구해요!

① 병합된 [M12:N12] 셀에는 현재 남은 금액 10,000원이 입력되어 있어요.

② 자, 그럼 아래 그림을 참고하여 남은금액을 계산해 보도록 해요.

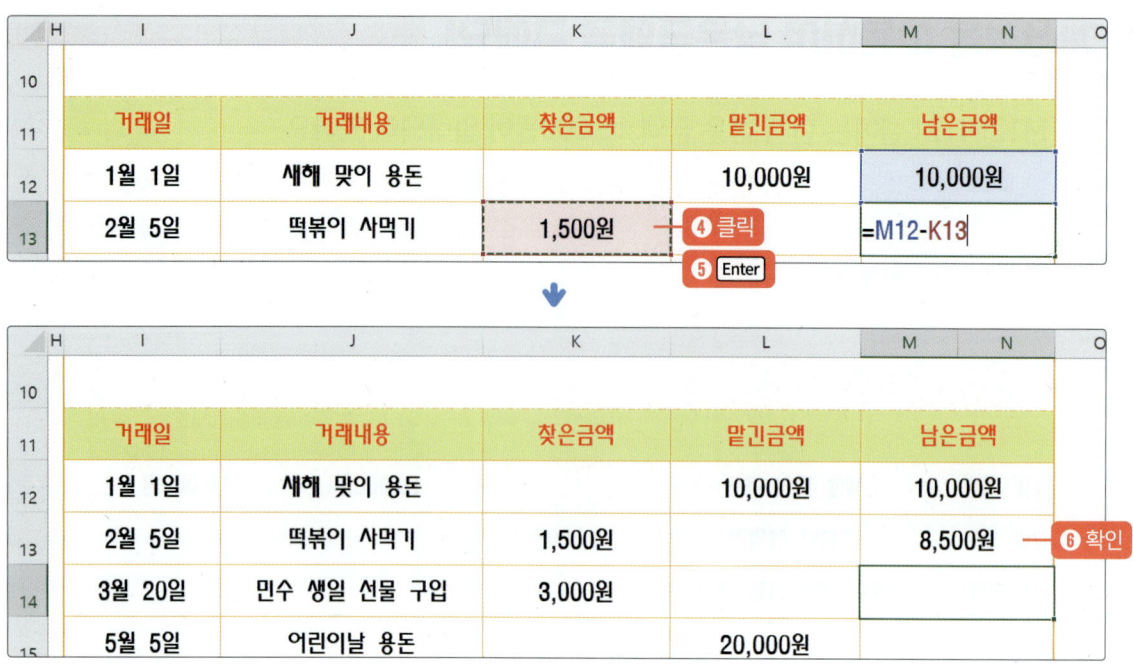

❸ 동일한 방법으로 남은금액을 계산해 보세요. **찾은금액을 계산할 때는 -(뺄셈)을, 맡긴금액을 계산할 때는 +(덧셈)**을 이용하면 돼요!

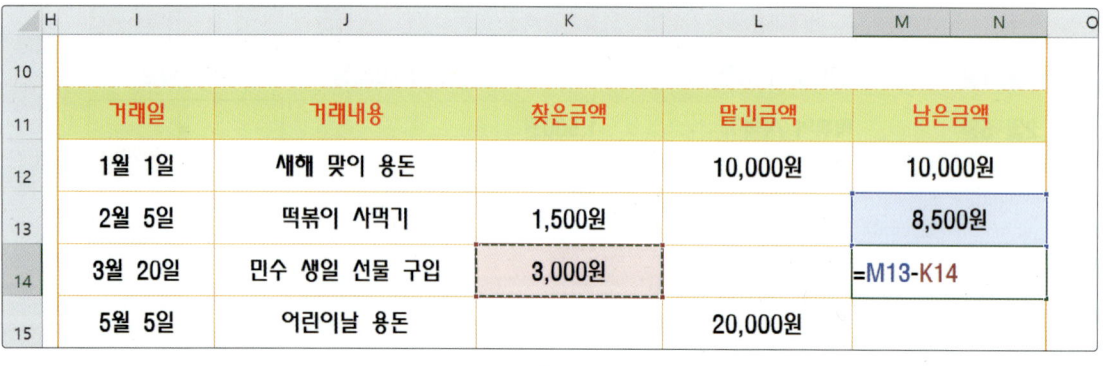

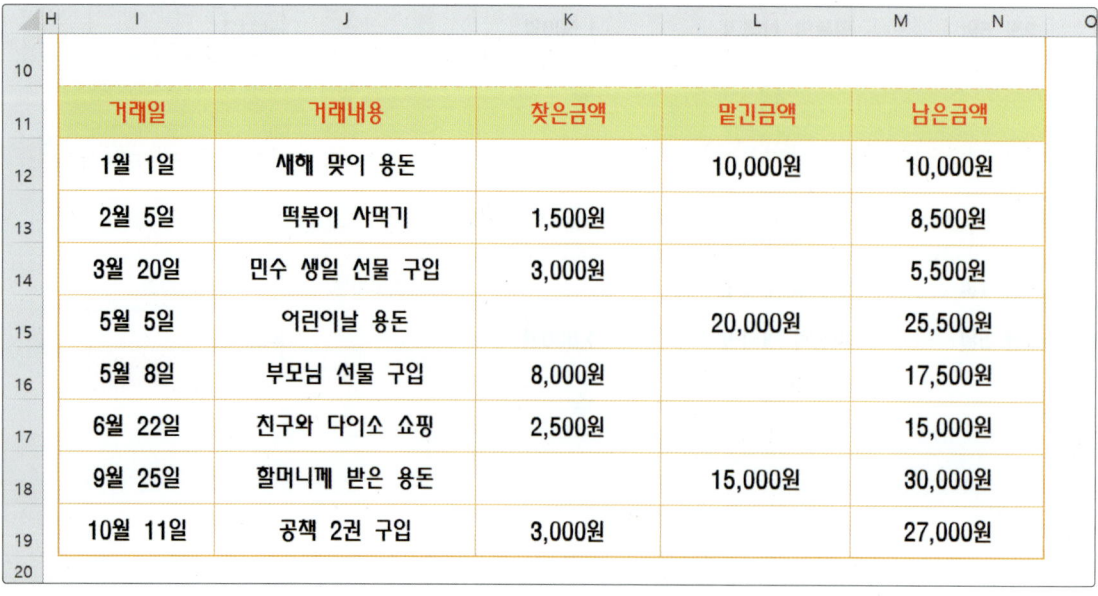

 작품을 완성해요

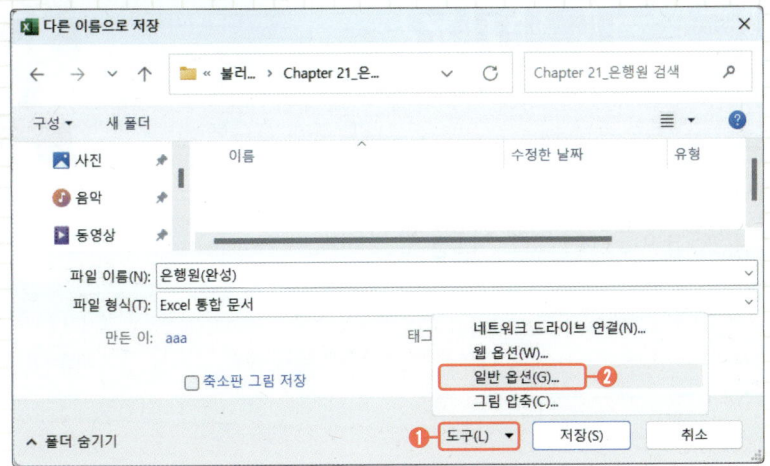
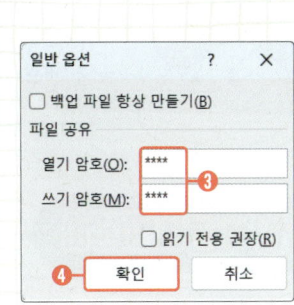

❶ [J4] 셀에 이름을 입력하고, [Chapter 21_은행원] 폴더에서 '표지'와 '도장' 그림을 넣어 시트를 완성해 보세요.

❷ [파일]-[다른 이름으로 저장]-[찾아보기]를 클릭하여 '도구'-[일반 옵션]에서 파일의 암호를 입력하면 나만의 비밀 파일을 만들 수 있답니다! 책에서는 비밀번호를 1004로 지정했어요.

더 멋지게 실력 뿜뿜

실습파일 : 은행원_연습문제.xlsx   완성파일 : 은행원_연습문제(완성).xlsx

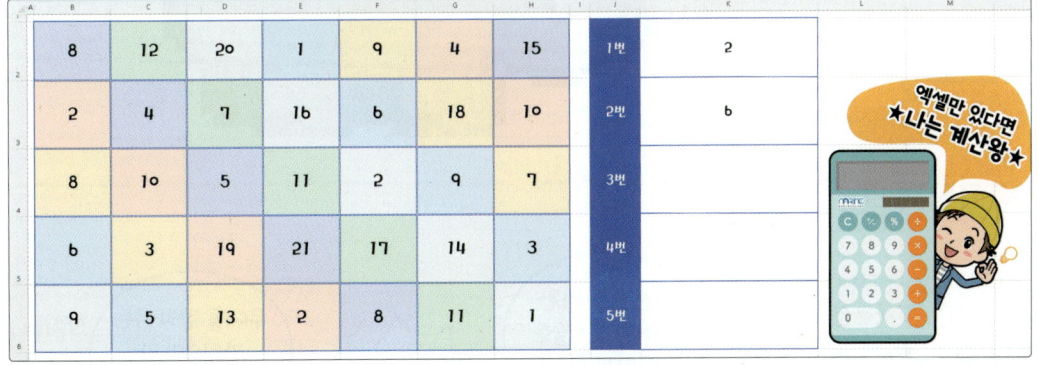

❶ 아래 힌트를 이용하여 1번과 2번 문제를 계산해 보세요.
- 1번 : [K2] 셀 클릭 → =D2-G3 입력 → Enter
- 2번 : [K3] 셀 클릭 → =B3*H5 입력 → Enter (*는 곱셈을 계산하는 기호입니다.)

❷ 나머지 문제를 계산해 보세요.
- 3번 : [E4]-[C4]   • 4번 : [F3]+[G2]   • 5번 : [C6]*[D2]

CHAPTER 22
마술사는 어떻게 그림을 그릴까?

학습목표
★ 조건부 서식 기능을 이용하여 셀에 색을 채워요.
★ 조건부 서식 기능을 이용하여 멋진 작품을 완성해요.

실습파일 마술사.xlsx   완성파일 마술사(완성).xlsx

완성 작품 미리보기

직업 이야기

창의 놀이터 : 아래 그림은 일정한 규칙대로 나열되어 있어요. 비어있는 칸에는 어떤 그림이 들어가야 할지 규칙을 찾아서 적어보세요!

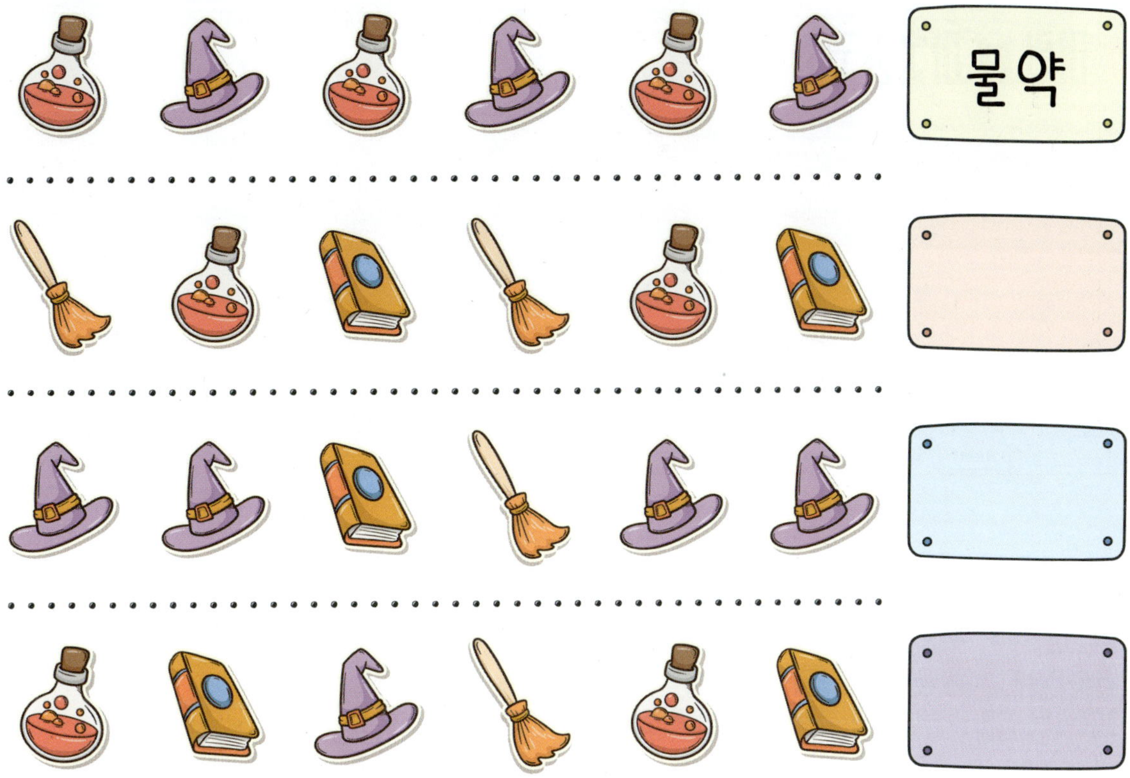

1 조건부 서식을 이용해 숨어 있는 그림을 확인해요!

① 엑셀 2021 프로그램을 실행하여 [Chapter 22_마술사]-**마술사.xlsx** 파일을 불러와요.

❷ 이번에는 각 시트에 숨어있는 그림을 조건부 서식 기능을 이용하여 나타나게 만들어 볼게요.

❸ [Sheet1]에서 행 머리글과 열 머리글이 만나는 위치의 단추(▦)를 클릭하여 모든 셀을 선택해요.

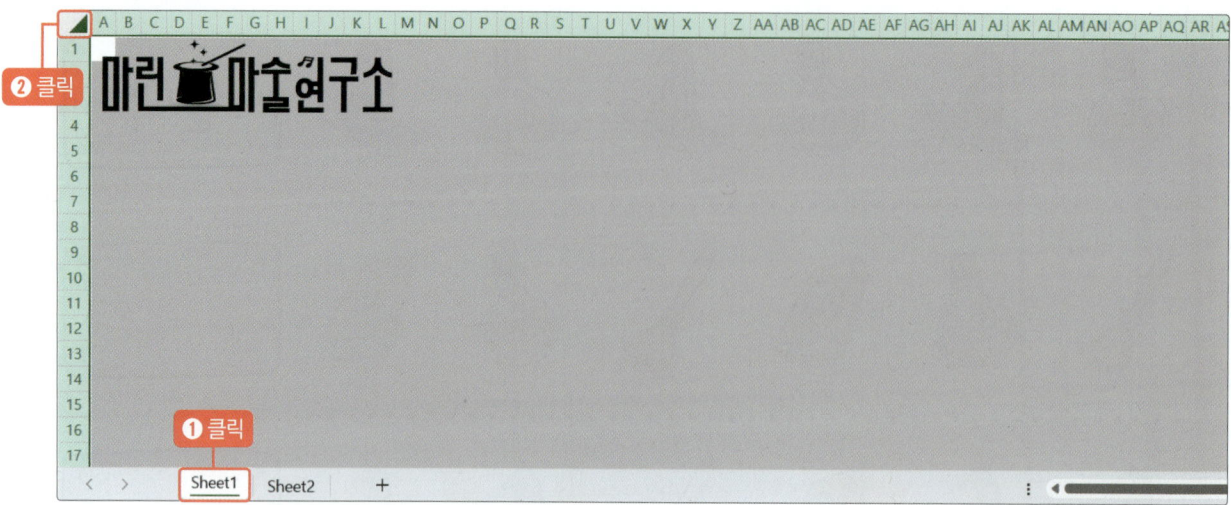

❹ [홈]-[스타일]-[조건부 서식(▦)] → [새 규칙]을 클릭해요.

❺ 아래 그림과 같이 규칙 유형을 선택하고, 규칙 설명을 지정해보세요. 반드시 **글꼴 색과 채우기 색상**을 똑같이 맞춰주세요.

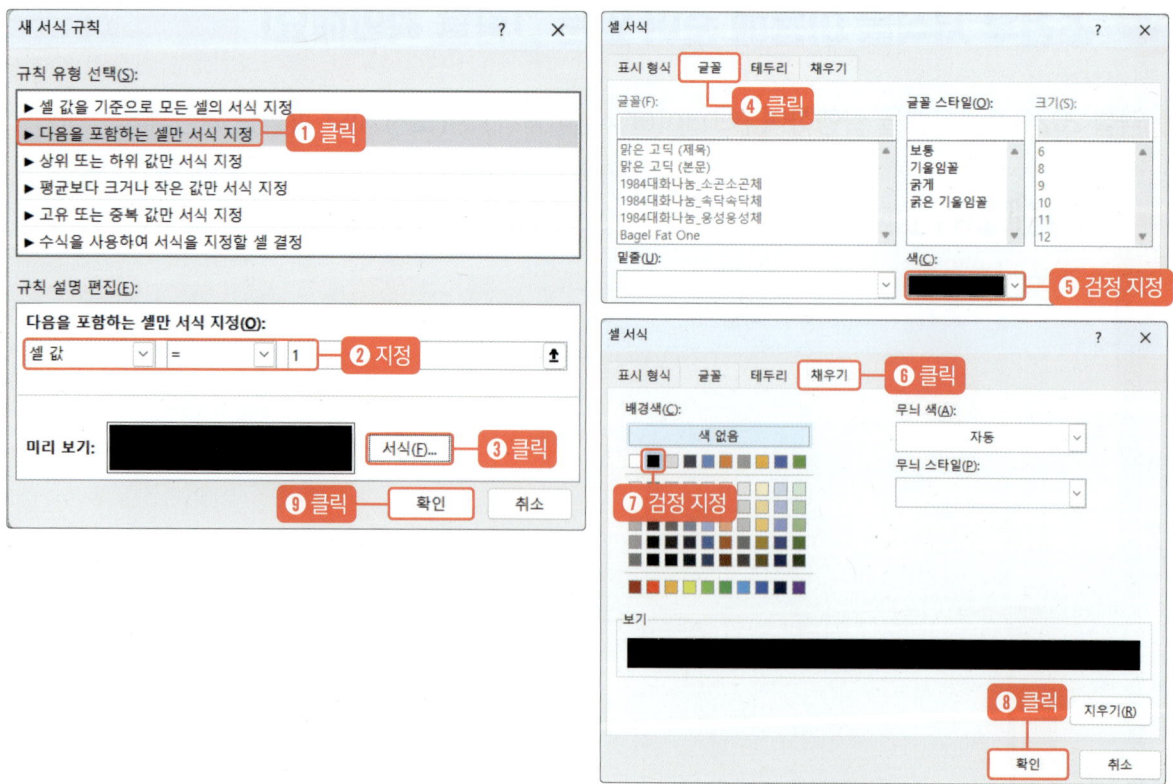

128

⑥ 짠! 숨어있던 그림은 고래였어요.

2 조건부 서식을 이용해 그림을 예쁘게 색칠해요!

① [조건부 서식(▦)] → [새 규칙]을 선택한 다음 규칙 유형과 규칙 설명을 지정해 보세요. **글꼴 색과 채우기 색상을 똑같이 맞추는 것을 잊지 마세요!**

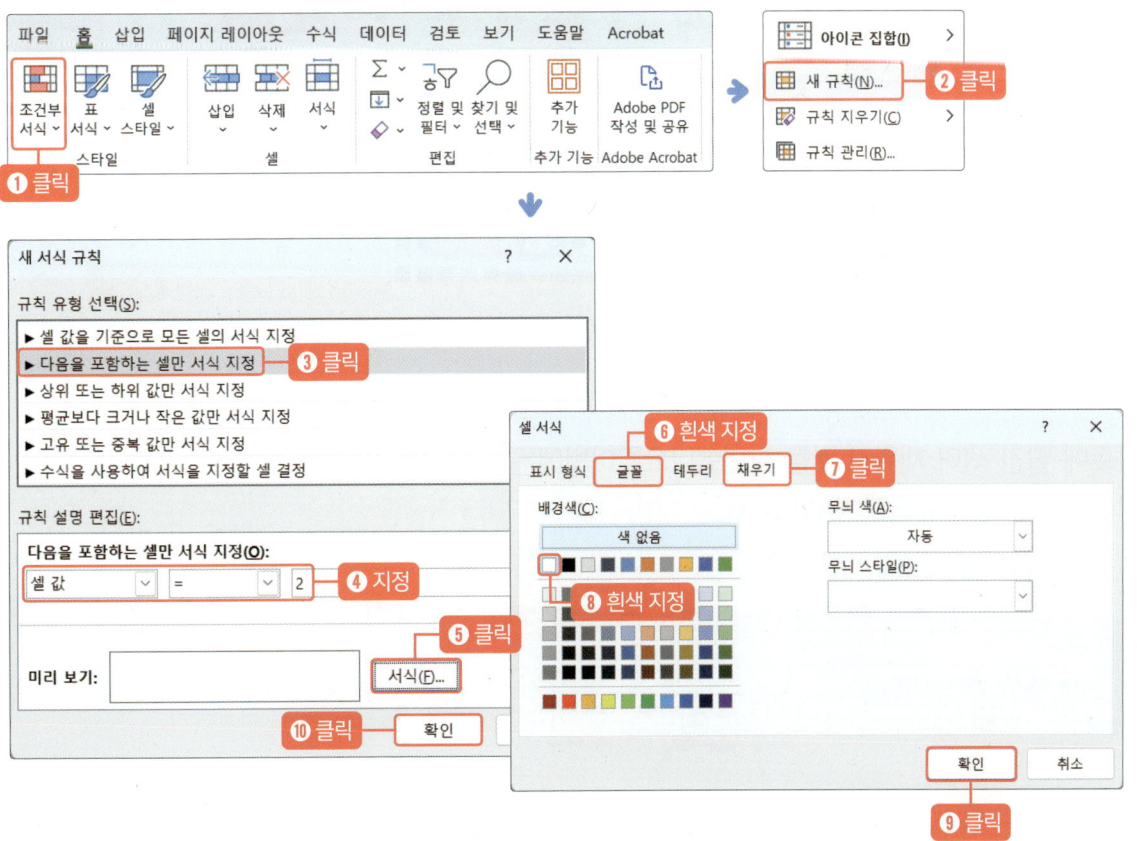

22 마술사는 어떻게 그림을 그릴까?

팁 흰색을 채웠지만 변화가 없어요!

숫자 1이 입력된 셀에는 검정, 숫자 2가 입력된 셀에는 흰색을 채우는 작업을 했지만, 왜 2가 입력된 셀에는 아무런 변화가 없을까요? 그 이유는 워크시트의 배경이 흰색이기 때문에 보이지 않는 거예요. 3, 4, 5 숫자가 입력된 셀에도 색을 채워서 귀여운 고래를 완성해 보세요.

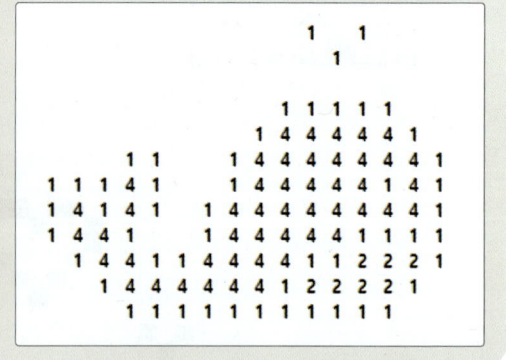

❷ [조건부 서식(🔲)] → **[새 규칙]**을 선택한 다음 규칙 유형과 규칙 설명을 지정해 보세요.

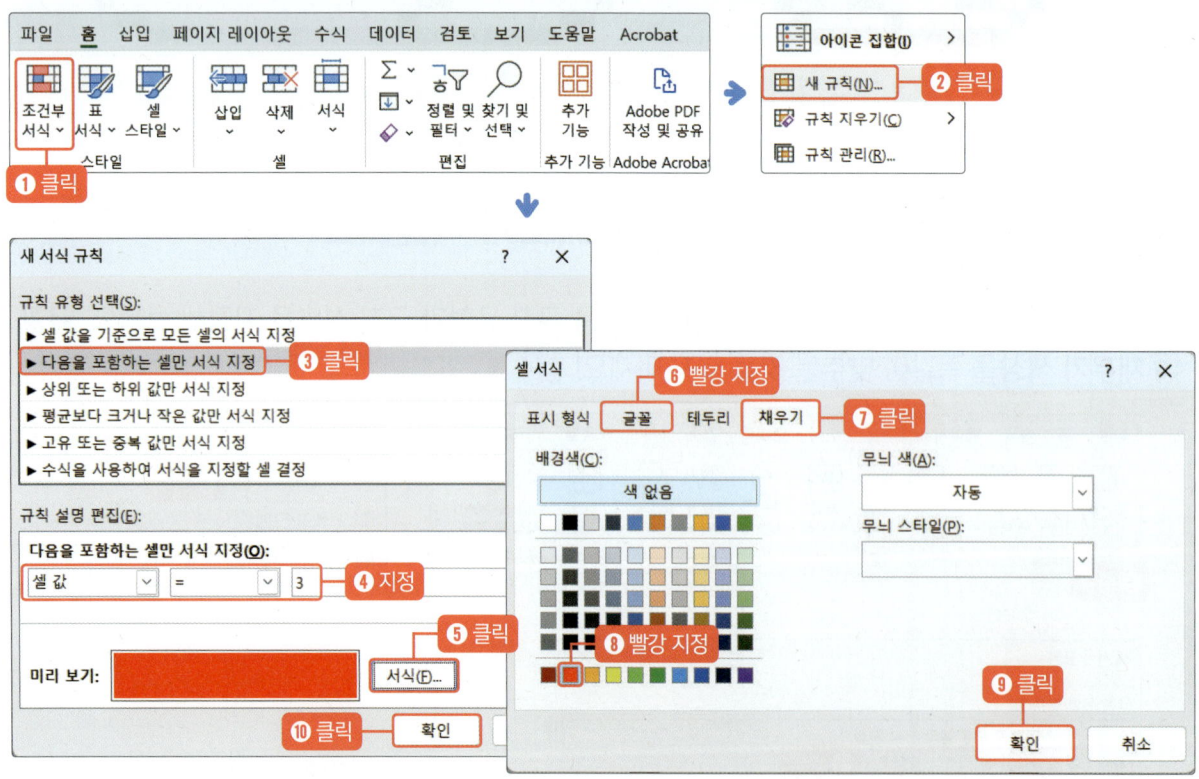

❸ 하트에 빨간 색이 채워진 것을 확인했나요? 이번에는 숫자 4와 5에 해당하는 조건부 서식을 만들어 고래의 색상을 자유롭게 채워보세요.

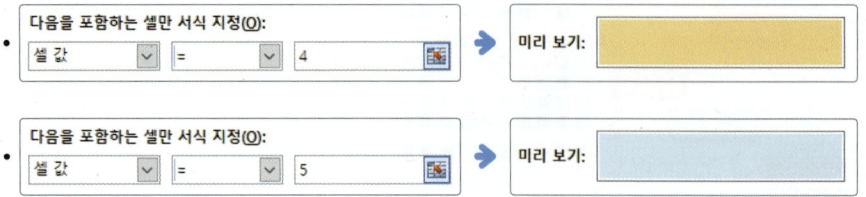

① [Sheet2]를 클릭한 다음 아래 숫자와 색상 조건에 맞추어 조건부 서식을 지정해요.
- 1 : 검정
- 2 : 흰색
- 3 : 연한 녹색
- 4 : 연한 핑크색
- 5 : 진한 녹색
- 6 : 갈색

실습파일 : 마술사_연습문제.xlsx   **완성파일** : 마술사_연습문제(완성).xlsx

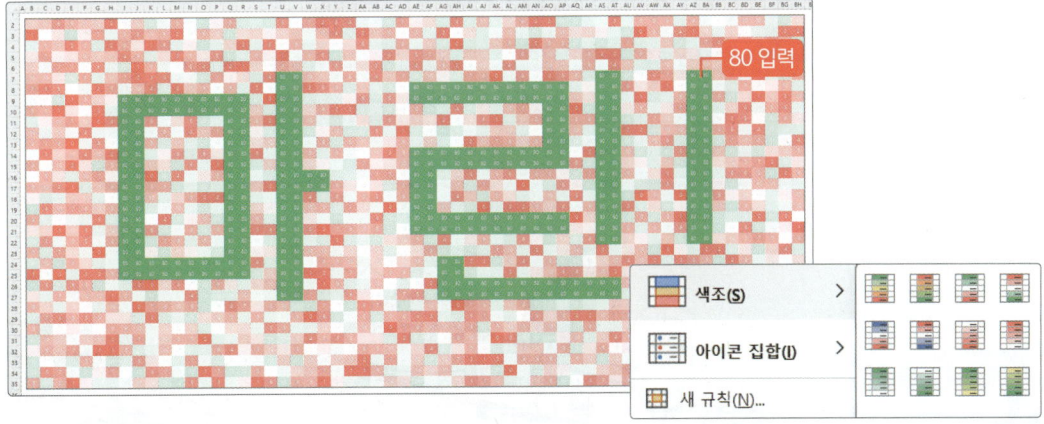

① ▢를 클릭하여 모든 셀을 선택한 다음 원하는 색의 [색조] 조건부 서식을 지정해요. [색조] 조건부 서식이 지정되면 각 셀에 입력된 숫자 크기에 따라 연한 색 또는 진한 색이 채워질 거예요.

② 조건부 서식이 적용된 셀에 큰 숫자(예 : 80)를 입력하여 글자를 적어보거나, 그림을 그려보세요!

CHAPTER 23

운동선수 관련 상식 퀴즈!

학습목표

★ 셀에 다양한 무늬를 채울 수 있어요.
★ 숨겨진 행을 나타나게 하고, 다시 숨길 수도 있어요.

실습파일 운동선수.xlsx   완성파일 운동선수(완성).xlsx

완성 작품 미리보기

직업 이야기

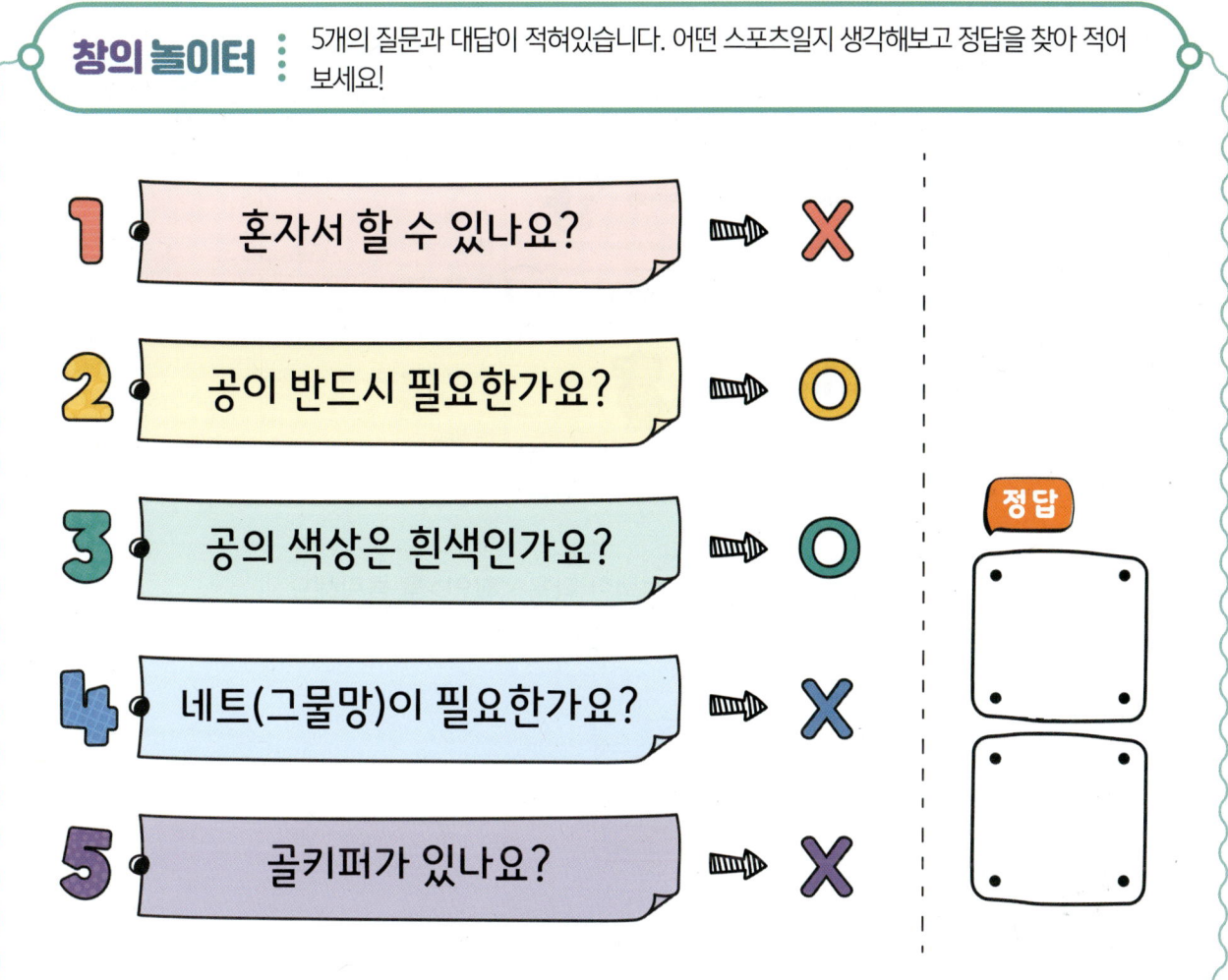

1 셀에 무늬를 채워요!

① 엑셀 2021 프로그램을 실행하여 [Chapter 23_운동선수]-**운동선수.xlsx** 파일을 불러와요.

❷ **[B2:D2]**를 범위로 지정한 다음 마우스 오른쪽 버튼을 눌러 **[셀 서식]**을 클릭해요.

❸ **[채우기]** 탭에서 **무늬 색**과 **무늬 스타일**을 선택한 다음 <확인>을 클릭해요.

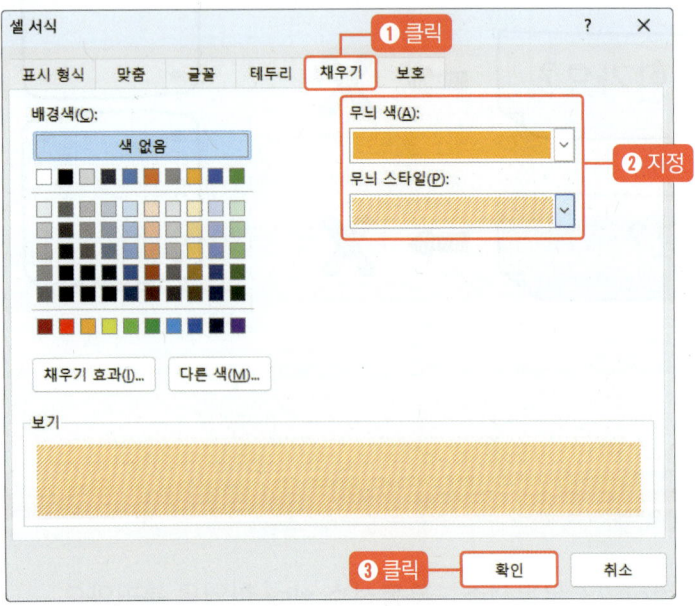

❹ 동일한 방법으로 **문제 번호**가 입력된 셀에 각각 무늬를 채워 보세요.

2 숨겨진 행을 확인해요!

① 이 파일에는 퀴즈를 풀기 위한 힌트가 숨겨져 있어요. 자, 3행을 살펴보면 다음 행에는 4행이 아닌 5행이 있다는 것을 알 수 있지요.

② 숨겨진 힌트를 확인하기 위해 **3~23행 머리글**을 드래그한 다음 마우스 오른쪽 버튼을 눌러 **[숨기기 취소]**를 클릭해요.

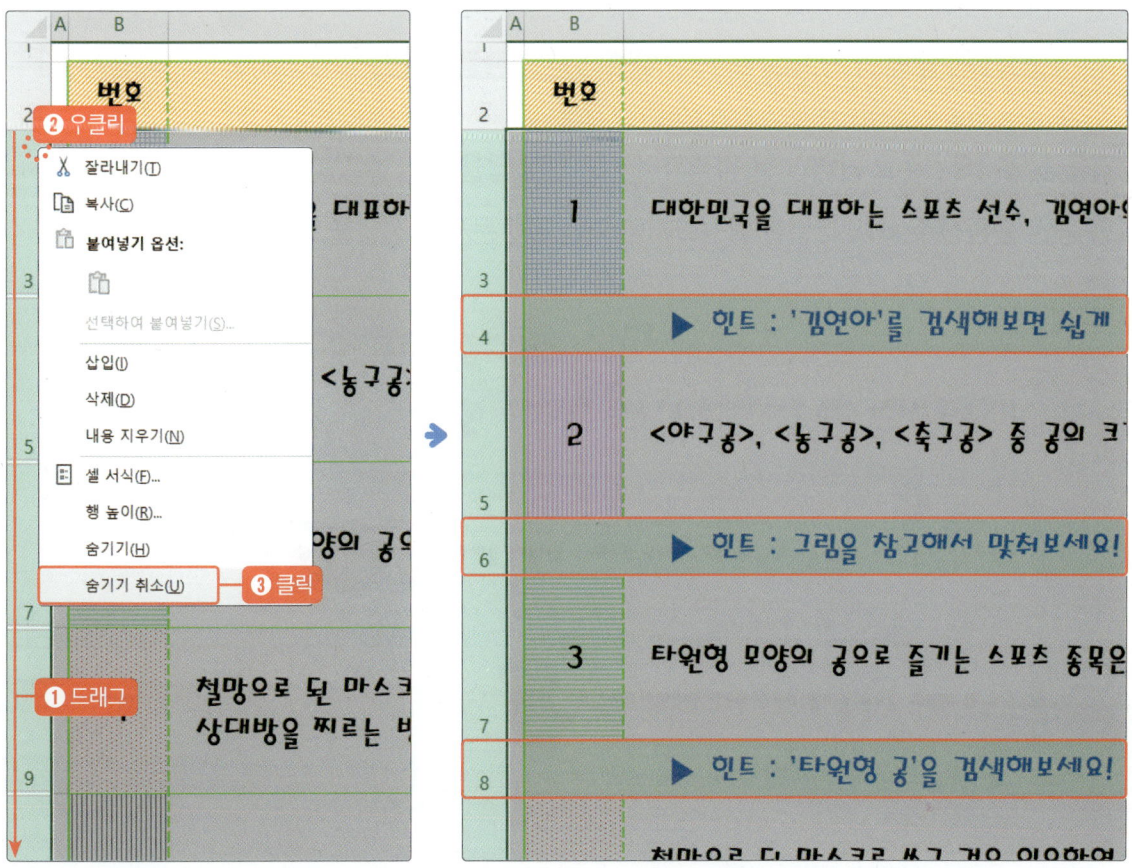

23 운동선수 관련 상식 퀴즈! 135

인터넷을 활용하여 퀴즈의 정답을 찾아보세요!

① 3번 문제의 정답을 찾기 위해 인터넷을 실행한 다음 **타원형 모양의 공 스포츠**를 검색해요.

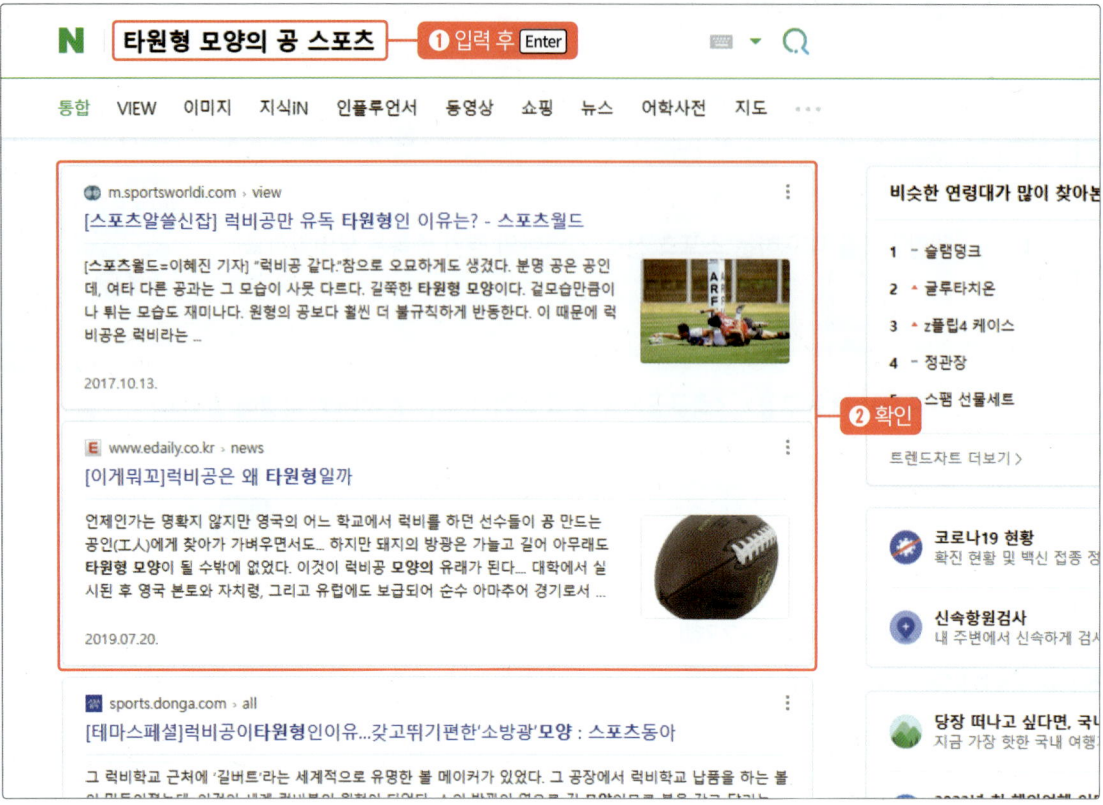

② 정답을 찾았나요? 주요 단어만 잘 검색하더라도 쉽게 답을 찾을 수 있어요.

③ 작업 중인 **운동선수.xlsx** 파일을 활성화시킨 다음 3번 문제의 정답을 입력해요.

작품을 완성해요

❶ 인터넷 검색을 통해 모든 문제의 정답을 채워보세요.
❷ D열 위에서 마우스 오른쪽 버튼을 누른 후 [숨기기]를 클릭하여 정답이 입력된 열을 숨겨보세요.

더 멋지게 실력뿜뿜

실습파일 : 운동선수_연습문제.xlsx   **완성파일** : 운동선수_연습문제(완성).xlsx

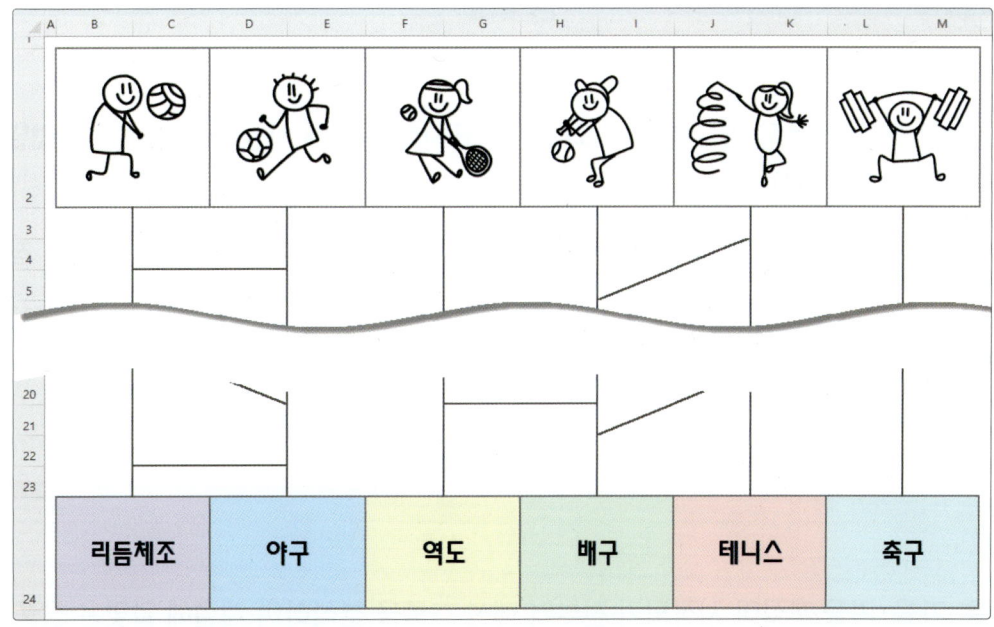

❶ 2~24행 머리글을 드래그하여 [숨기기 취소]를 클릭해요.
❷ 사다리가 표시되면 선을 따라서 이동한 다음 알맞은 위치에 운동 종목의 이름을 입력해 보세요.
❸ 워크시트의 확대 비율을 줄이면 사다리를 한눈에 확인하기 쉬워요.

이만큼 배웠어요

 퀴즈를 풀어보면서 지금까지 배운 내용을 정리해요

1 엑셀 프로그램에 대한 설명으로 옳지 않은 것은 무엇일까요?

① 셀에 색상과 무늬를 채울 수 있어요.

② 셀에 입력된 숫자를 서로 더할 수 있어요.

③ 자동 채우기 기능으로 빠르게 숫자를 입력할 수 있어요.

④ 문서에 암호는 지정할 수 없어요.

2 아래 그림과 같이 특정 데이터만 추출하기 위해 사용하는 기능은 무엇일까요?

① 가상 분석

② 자동 필터

③ 정렬

④ 인쇄 영역

3 셀에 입력된 숫자에 '천 단위 구분 기호'와 '원'을 표시하기 위해 사용하는 기능은 무엇일까요?
(예 : 3000 → 3,500원)

① 사용자 지정 표시 형식   ② 서식 복사   ③ 그림으로 복사   ④ 잘라내기

4 자신의 끼와 재능을 보여주며 시청자들에게 즐거움을 선사하는 직업은 무엇일까요?

5 봄, 여름, 가을, 겨울 계절이 시작되기 전부터 패션 흐름을 분석하여 계절에 알맞은 상품을 기획하고 만드는 직업은 무엇일까요?

학생	선생님	부모님

 **아래 작업 순서를 참고하여 워크시트를 완성해요**

실습파일 : 24_연습문제.pptx   완성파일 : 24_연습문제(완성).pptx

작업 순서

① 삽입된 그림의 배경을 투명하게 변경해요.
  ▷ 그림 투명하게 지정 : [그림 서식]-[조정]-[색(🖼)] → [투명한 색 설정]

② 조건부 서식을 지정하여 픽셀 아트를 확인해요.
  ▷ 조건부 서식 : [조건부 서식(📊)] → [새 규칙] → 다음을 포함하는 셀만 서식 지정
  - 1 : 진한 회색   • 2 : 갈색   • 3 : 초록색   • 4 : 살구색
  - 5 : 파랑   • 6 : 흰색   • 7 : 연한 회색 • 8 : 검정

③ 완성된 픽셀아트에서 공이 필요 없는 종목을 찾아 아래 빈 칸에 적어보세요.

MEMO